Sobre o autor

MILLÔR FERNANDES (1923-2012) estreou muito cedo no jornalismo, do qual veio a ser um dos mais combativos exemplos no Brasil. Suas primeiras atividades na imprensa foram em *O Jornal* e nas revistas *O Cruzeiro* e *Pif-Paf*. Estudou no Liceu de Artes e Ofícios do Rio de Janeiro e, já integrado à intelectualidade carioca, trabalhou nos seguintes periódicos: *Diário da Noite*, *Tribuna da Imprensa* e *Correio da Manhã*, sofrendo, diversas vezes, censura e retaliações por seus textos. De 1964 a 1974, escreveu regularmente para *O Diário Popular*, de Portugal. Colaborou também para os periódicos *Correio da Manhã*, *Veja*, *O Pasquim*, *Isto É*, *Jornal do Brasil*, *O Dia*, *Folha de São Paulo*, *Bundas*, *O Estado de São Paulo*, entre outros. Publicou dezenas de livros, entre os quais *A verdadeira história do paraíso*, *Poemas*, *Millôr definitivo – A bíblia do caos* e *O livro vermelho dos pensamentos de Millôr*. Suas colaborações para o teatro chegam a mais de uma centena de trabalhos, entre peças de sua autoria, como *É...*, *Duas tábuas e uma paixão*, *Flávia, cabeça, tronco e membros*, *Liberdade, liberdade* (com Flávio Rangel) , *O homem do princípio ao fim*, *Um elefante no caos*, *A história é uma história*, e adaptações e traduções teatrais, como *Gata em telhado de zinco quente*, de Tennessee Williams, *A megera domada*. de Shakespeare, *Pigm* Shaw, e *O jardim das cer* de Anton Tchékhov.

Livros de Millôr Fernandes na Coleção **L&PM** POCKET:

Hai-Kais
Millôr Definitivo – A bíblia do caos
Poemas
O livro vermelho dos pensamentos de Millôr

Teatro

Um elefante no caos

Flávia, cabeça, tronco e membros

O homem do princípio ao fim

É...

Kaos

Liberdade, liberdade (com Flávio Rangel)

Duas tábuas e uma paixão

Traduções e adaptações teatrais

As alegres matronas de Windsor (Shakespeare)

A Celestina (Fernando de Rojas)

Don Juan, o convidado de pedra (Molière)

As eruditas (Molière)

Fedra (Racine)

Hamlet (Shakespeare)

O jardim das cerejeiras seguido de *Tio Vânia* (Tchékhov)

Lisístrata (Aristófanes)

A megera domada (Shakespeare)

Pigmaleão (Bernard Shaw)

O rei Lear (Shakespeare)

MILLÔR FERNANDES

*Baseado num fato verídico que apenas
ainda não aconteceu*

www.lpm.com.br

L&PM POCKET

Coleção **L&PM** POCKET, vol. 1361

Texto de acordo com a nova ortografia.

Este livro foi publicado pela L&PM Editores, em formato 14x 21cm, em 1977
Primeira edição na Coleção **L&PM** POCKET: agosto de 2023

Capa: Ivan Pinheiro Machado
Revisão: Mariana Rennhack Pires

CIP-Brasil. Catalogação na publicação
Sindicato Nacional dos Editores de Livros, RJ

F41e

    Fernandes, Millôr, 1923-2012
      É... / Millôr Fernandes. – 1. ed. – Porto Alegre [RS]: L&PM, 2023.
      176 p. ; 18 cm. (L&PM POCKET; v. 1361)

      ISBN 978-65-5666-440-8

      1. Teatro brasileiro. I. Título. II. Série.

23-84969   CDD: 869.2
                      CDU: 82-2(81)

Gabriela Faray Ferreira Lopes - Bibliotecária - CRB-7/6643

© 2023 by Ivan Fernandes

Todos os direitos desta edição reservados a L&PM Editores
Rua Comendador Coruja, 314, loja 9 – Floresta – 90.220-180
Porto Alegre – RS – Brasil / Fone: 51.3225.5777

Pedidos & Depto. comercial: vendas@lpm.com.br
Fale conosco: info@lpm.com.br
www.lpm.com.br

Impresso no Brasil
Inverno de 2023

SUMÁRIO

Reflexão pós-moderna 9
Cenário 9
Locais onde se passam as cenas 11
Projeções no início da peça 12
Personagens 14

ATO I
Cena I: Prendas do lar 17
Cena II: Confronto 27
Cena III: Rotina 49
Cena IV: Jantar 57
Cena V: Decisão 67

ATO II
Cena VI: Como sempre 87
Cena VII: O encontro 93
Cena VIII: E agora, Giusepe? 105
Cena IX: O outro lado 114
Cena X: A carta 121
Cena XI: O telefonema 123

Cena XII: Visita.......................... 125
Cena XIII: Autopiedade 132
Cena XIV: Professor...................... 135
Cena XV: Reação 137
Cena XVI: Felicidade (?) 147
Cena XVII: Epílogo 151

Apêndice

Sobre o autor I (por ele mesmo)............. 171
Sobre o autor II (Autobiografia de mim mesmo à maneira de mim próprio).... 173

*Baseado num fato verídico que apenas
ainda não aconteceu*

*Representada pela primeira vez em
15 de março de 1977, no teatro Maison de France
do Rio de Janeiro, tendo como atores
Fernanda Montenegro, Fernando Torres,
Helena Pader, Renata Sorrah e Jonas Bloch.
Direção de Paulo José.*

Reflexão Pós-Moderna

A cortina do teatro, eliminada, com razão, em certos espetáculos, tem sido desprezada por simples rebeldia artística infantil em inúmeros espetáculos em que seria fundamental. Quero deixar declarado que acho a cortina um elemento dramático de profunda importância – uma tradição bonita, misteriosa, mágica. Este espetáculo deve ter cortina. (M.F.)

Cenário

O autor só descreve detalhes quando estes são necessários. Embora alguns desses detalhes sejam realísticos, todo o tom do cenário deve favorecer a representação, que, no mesmo diálogo, e às vezes na mesma fala, passa, sem transição, do realista ao fantasioso, do dramático ao cômico, quando não for dramática e cômica na mesma palavra como, aliás, acontece com o próprio título da peça. Indica-se apenas, para necessário esclarecimento, os locais onde as cenas se desenrolam e algumas luzes essenciais. Em todos os ambientes, já que os personagens são intelectuais, há a presença, onde e sempre que couber, dos elementos da cultura e comunicação atuais; quadros, posters, letreiros, rádio, televisão, jornais, revistas. E livros, muitos livros. Mesmo em locais e momentos não indicados, os personagens devem estar lendo, vendo, *carregando*, manuseando jornais, livros e revistas. Na mesa do bar, na bolsa das mulheres quando pegam cigarros, sempre há alguma sugestão de leitura e informação. Até excessiva-obsessiva. (M.F.)

LOCAIS ONDE SE PASSAM AS CENAS

I. Apartamento de Vera e Mário.

II. Bar próximo à Universidade. (Arrendado por Sara.)

III. Apartamento de Vera e Mário.

IV. Apartamento de Vera e Mário.

V. Quadro-negro na Universidade. (Luz azulada.) Passa para Bar, sem transição.

VI. Apartamento de Vera e Mário.

VII. Apartamento no Morro da Viúva.

VIII. Apartamento de Vera e Mário. (Depois do meio, luz esverdeada.)

IX. Apartamento de Oto e Ludmila. (Depois do meio, luz esverdeada.)

X. Apartamento de Oto e Ludmila.

XI. Apartamento de Vera e Mário.

XII. Apartamento de Ludmila e Oto.

XIII. Apartamento de Vera e Mário.

XIV. Universidade (Luz azulada.)

XV. Apartamento de Mário e Vera.

XVI. Apartamento de Mário e Ludmila. (O mesmo de Oto e Ludmila. Luz rósea.)

XVII. Apartamento de Vera e Mário.

Projeções no início da peça

Projeção 1: É!

Projeção 2: Peça de Millôr Fernandes

Projeção 3: Baseada num fato verídico que apenas ainda não aconteceu.

Projeções, durante a peça, nos locais indicados: mudanças de cena.	Passagens de tempo (para orientação do diretor e dos atores).
I. Prendas do lar.	(Início)
II. Confronto.	(uma semana depois)
III. Rotina.	(em seguida)
IV. Jantar.	(uma semana depois)
V. Decisão.	(um mês depois)
VI. Como sempre.	(dias depois)
VII. Encontro.	(dois meses depois)
VII. E agora, Giusepe?	(dois meses depois)
IX. O outro lado.	(uma semana depois)
X. A carta.	(um mês depois)
XI. O telefonema.	(quinze dias depois)
XII. Visita.	(um mês depois)

XIII. Autopiedade. (um mês depois)
XIV. Professor. (sem tempo definido)
XV. Reação. (três meses depois)
XVI. Felicidade.(?) (um mês depois)
XVII. Epílogo. (três meses depois)

Todos os números romanos podem ser projetados num slide e os títulos noutro, a seguir.

Personagens

Vera Toledo: Casada com Mário. Quarenta e cinco anos. Elegante. Refinada. Parece mais jovem. Ainda bonita. Formada num antigo curso de secretariado. Cultura atualizada sobretudo através dos contatos universitários do marido. Prendas do lar. Com pequena economia própria, vinda da família.

Sara: Amiga de Vera e Mário. Irmã de Ludmila. Vinte e oito anos. Simpática, segura e agradável, reunindo em si uma certa visão humanística e fatalista, ao mesmo tempo que acredita na ação e no pensamento jovem que ainda, aos vinte e oito anos, representa. Formada em economia. Tem um bom ordenado como *copy desk* publicitário de uma grande fábrica de brinquedos e faz sociedade com uma amiga como arrendatária de um pequeno bar junto à universidade, onde trabalha, também, como garçonete, quando tem tempo. Inteligente. Culta.

Mário Toledo: Marido de Vera. Cinquenta anos. Professor universitário. Filologia. Extremamente liberal e aberto, capaz de entender e apoiar qualquer pensamento ou *atitude de vanguarda*. Porém de vida e ação estáveis e até conservadoras. Situação econômica bastante boa. Fisicamente bem posto, também de aparência mais jovem do que a idade que tem, embora não seja um homem bonito. Se veste de maneira informal, moderna mas não desfrutável.

Oto: Companheiro existencial de Ludmila. Vinte e nove anos. Bonito, nervoso, aberto a todas as vanguardas do mundo, com um ar ingênuo que o faz especialmente amável. Juvenil nos seus arroubos intelectuais. Ex-aluno de Mário. Professor na Universidade.

Ludmila (**Ludmila Sakarov Triana**, aliás **Maria José Formiga**): Companheira existencial de Oto. Vinte e quatro anos. Parecendo ligeiramente mais velha, devido à sua segurança, intelectual e emocional. Trabalha como *freelancer* em traduções de francês e inglês e revisão de livros didáticos. A beleza natural, a sensibilidade aprimorada através de uma vida livre desde cedo e experiências meio nômades no Brasil, e no estrangeiro durante três ou quatro anos, deram-lhe uma superioridade sobre as pessoas, mesmo mais velhas, que só não é desagradável devido ao seu extraordinário encanto. Tudo isso, sem poluí-la, deixou-a porém na condição de não achar graça no trivial simples. Precisa não necessariamente de emoções fortes, mas profundas.

ATO I

Cena I: Prendas do lar

(Vera e Sara estão sentadas em grandes poltronas. Conversam. Vera levanta, vem até um móvel à direita, serve um copo d'água e com ele na mão vem até o proscênio. Olha o público no olho e diz, com suspiro, como quem aceita tudo sem poder explicar.)

Vera

É!... (*Volta a sentar, diz sem transição...*) de vez em quando eu me pergunto o que é que eu tenho com isto. Não que seja contra. Mas feminismo é pra mulheres muito especiais, eu acho.

Sara

(*Afirmando*) Você também acha que o destino da mulher é biológico.

Vera

O meu, pelo menos. Não tenho de que me queixar. Menstruações corretas durante toda a vida, desejos monogâmicos toda a vida, três vezes gravidez, dois partos serenos, sem dor – quase sem dor. Sou contra cesariana. Meu destino é biológico. Que posição posso tomar com um par de seios senão uma posição decididamente feminina? As amazonas, para poderem atirar melhor de arco e enfrentar os homens, cortavam um seio.

Sara

Você está chamando as feministas de sapatão. Que minha irmã não te ouça.

Vera

Longe de mim. Mas feminismo é em inglês. Na tradução não dá certo.

Sara

Não em nossa classe. Os jornais estão aí mesmo, a televisão, os livros, as conversas, as viagens, as mais jovens fazendo pressão...

Vera

Que idade você tem mesmo? Responde como se eu não soubesse.

Sara

Vinte e oito.

VERA

Põe mais metade nisso e você verá toda uma diferença. Não é comigo! Que libertação eu quero? Toda minha vida fui cercada de homens e me dei muito bem. Minha mãe morreu moça. Fiquei só com meu pai e dois irmãos. Aos vinte anos meu pai me passou pro meu marido. Tive dois filhos homens. Meu pai me deu proteção e sustento. Meu marido, sustento e fidelidade. Os dois filhos me dão carinho e me prestam obediência. Estou, agora, no primeiro neto.

SARA

Você vê. Eu, aos vinte e oito anos, ainda estou me decidindo se vou ser mãe ou não.

VERA

Casando ou sem casar?

SARA

Casando ou sem casar, importa?

VERA

Ter um filho sozinha, não é mais difícil?

SARA

Teu marido te ajudou a ter o filho?

VERA

Me deu dinheiro, médicos, babá. O sistema era a meu favor, eu reconheço. Admito que para as babás é mais difícil porque os filhos das babás não têm babás.

SARA

Eu só terei um filho *casada* se a afinidade for total: O filho será *nosso* – meu e dele – responsabilidade dividida, prazer dividido. Senão, pra que casar?

VERA

Mesmo ele pensando totalmente igual, você não vê a possibilidade de ele ter mais responsabilidade e você mais carinho ou vice-versa? E se você for mãe solteira, onde vai deixar seu filho, em nosso mundo sem creches?

SARA

Não sei. É problema posterior. Os filhos crescem. Os filhos sempre cresceram. Meu problema é ter ou não ter – se não tiver talvez me arrependa, se tiver estarei presa a ele a vida inteira. Se resolver ter talvez não seja importante pra mim saber quem é o pai mas não sei se posso negar ao filho a identidade desse pai. Mas, como diz minha irmã Ludmila, que não tem os meus problemas, identificar o pai de nosso filho obriga a um longo período de fidelidade a um homem; lamentável!

VERA

As mulheres de minha geração não tinham tanto problema. Arranjavam um marido e o resto estava resolvido.

SARA

Estamos num período de transição, eis tudo.

VERA

Transição que os homens não têm. Eles sempre saberão quem é a mãe de seus filhos.

VERA

Mas nunca terão a certeza de que são os pais. Tudo dá na mesma. *(Mário entra, vindo do quarto, como quem vai sair. Pasta na mão.)*

MÁRIO

Olá, Sara.

SARA

Boa noite!

MÁRIO

(Para Sara, se referindo a Vera.) Cuidado com

ela. É perigosa. Sabe mais do que sabe que sabe. Quando a gente abre o olho já deu o xeque-mate. (*Beija Vera na boca. Beija Sara no rosto.*) Tchau. Volto logo. Sara janta conosco?

SARA

Não, obrigada.

VERA

Tchau.

SARA

Tchau, Mário. (*Mário sai.*)

VERA

(*Sem interrupção*) Você sabe que de vez em quando eu tenho a sensação de que sou um escravo a quem tentam impor uma liberdade? Estão querendo que eu assine uma carta de alforria que não pedi, não procurei, nem sei pra que serve. Estou bem na minha senzala, ela é ampla, limpa. Meu patrão não me espanca, de vez em quando fica inexplicavelmente de mau humor, passa dois ou três dias sem falar comigo, é tudo. Em troca eu não penso na minha subsistência, ele pensa por mim, paga minhas contas, mata o javali. Que é que estão querendo – me dar liberdade pra morrer de fome? Trocar uma escravidão apenas nominal por uma escravidão real? Concessão todos fazem, todos fizeram, todos farão, sempre. Um dia eu vi uma fotografia de Onassis, rico e poderoso, ajoelhado humildemente aos pés de Paul Getty, mais rico e mais poderoso. Era de brincadeira, eu sei, mas ele *estava ajoelhado*. Quando eu tenho que me ajoelhar faço como se fosse brincadeira. Não dói nada.

SARA

Bela Princesa Adormecida.

VERA

Gosto dessa imagem! Tenho um sono de anjo. Um dos grandes prazeres da minha vida é deitar de noite na cama e dormir. E você quer maior prazer do que ficar na cama de manhã depois que o marido sai? Sobretudo em dia de chuva?

SARA

Brincando de solteira numa cama de casada! Prefiro o contrário. (*Ri*) Sobretudo em dia de chuva.

VERA

(*Se levanta, tira objetos da mesa, deixa a mesa vazia, enquanto fala. Pega uma toalha dobrada num móvel, desdobra-a atirando-a no ar, num gesto típico de pôr a mesa.*) Este gesto simples, você sabe fazer? (*Sara que acena a cabeça, meio risonha, meio cética*). Uma mágica! (*Enquanto alisa a toalha, ajustando-a à mesa*) Há quantos milhares de anos as mulheres como eu fazem este mesmo gesto de pôr a mesa? Sempre igual. Sempre bonito.

SARA

Monotonia secular.

VERA

Rotina milenar. Por que só devemos achar beleza na rebeldia e não na aceitação da vida no que ela tem de mais constante? Rotina. A perfeição da rotina. (*Vai pondo pratos, louça na mesa*) A rotina não como monotonia, como uma obra de arte, que não termina nunca, se aperfeiçoa sempre, passando de geração em geração, como um fogo simbólico.

SARA

Maravilhoso! Sobretudo pra você que pode deixar o fogo simbólico pra arrumadeira quando está de saco cheio. Você põe a mesa quando quer.

VERA

Claro, são as minhas vantagens. Mas, à noite, na hora do jantar, é raro o dia que não sou eu quem põe a mesa. A tua Simone de Beauvoir escreveu oitocentas páginas me chamando de Segundo Sexo. Mas eu sei que muitas vezes enquanto ela está lá, solitária e desesperada, eu aqui arrumo os meus pratos, no mesmo lugar de sempre, com o mesmo carinho, plenamente realizada.

SARA

Quer que eu ajude?

VERA

Eu falei em obra de arte não falei em caricatura. (*Continua se movimentando*) Enquanto você cavalga o teu cavalo de Valquíria juntando guerreiras para a luta de libertação eu arrumo os talheres (*vai arrumando*) um garfo, uma faca e uma colher junto de cada prato, do jeito e no local de toda a vida, pois foi assim que a mãe de minha mãe ensinou à minha mãe o que ela aprendeu da mãe dela. Tudo limpo, ó, tudo polido, ó, tudo correto, embora ninguém note, ninguém saiba, não haja nem se espere elogio. Meus filhos comiam rápido e distraídos quando moravam aqui, Mário, hoje, quase sempre, come olhando pra televisão.

SARA

ARS GRATIA ARTIS. A arte pela arte. O lema da Metro-Goldwin-Mayer. Não quer mesmo uma mãozinha?

VERA

Que mão, Sara? (*Segura o pulso dela, olha a mão.*) Boa pra queda de braço. Olha, faz uma coisa que é mais teu gênero. Tira gelo e serve um uísque. Como você faz lá no teu bar. (*Sara que sai pela esquerda, entrando na cozinha.*)

VERA-NARRADORA

(*Se olhando num espelho, ajeitando os cabelos.*) Artemísia, rainha de Cária, filha de Hecatomus. Casada com o rei Mausolo, Artemísia era tão apaixonada por ele que, depois que ele morreu, ela lhe bebeu as cinzas para incorporá-lo à sua própria pessoa. E mandou erguer um monumento tão magnífico em memória de Mausolo, que esse monumento foi considerado também nome comum a todos os grandes monumentos mortuários: Mausoléu. (*Luz que se apaga em resistência.*)

Cena II : Confronto

MÁRIO

(*Deve ter roupa completamente diferente da anterior, indicando passagem de tempo.*) É novo, esse bar? Nunca estive aqui antes.

OTO

Não. Acho que não. Não sei. Venho aqui há muito tempo: está sempre vazio a essa hora. O pessoal todo da Universidade vem aqui. O pessoal do corpo docente. A garotada vai nos outros botequins por aí. Não tem dinheiro.

MÁRIO

(*Olhando em volta.*) É agradável. (*Sentam.*)

OTO

Foi aqui que eu conheci minha mulher. Ela estava terminando psicologia, eu já era professor. Ela estava escrevendo uma tese sobre a asma como consequência da repressão sexual. Gamamos na hora. Aquilo que os franceses chamam *coup de foudre*.

MÁRIO

Também, com essa tese! (*Riem*)

Oto

Fomos pra cama na mesma noite.

Mário

Eu levei seis anos pra ir pra cama com minha mulher.

Oto

Por quê, não tinha vontade?

Mário

Não era moda, na época. Tudo é moda. (*Pausa*) Até violência é moda. (*Entra Sara, vinda da mesma direção em que entrou na casa de Mário e Vera. Como se saísse da cozinha. Traz balde de gelo, copos, garrafas de uísque. A ligação é apenas física. A cena é algum tempo depois, usa roupa diferente. Sara vai colocando as coisas na mesa.*)

Sara

Oi, Oto. Olá, Mário.

Oto

Oi, Sara.

Mário

Olá, Sara. Você trabalha aqui?

SARA

Vera não te disse?

MÁRIO

Disse um bar. Mas nem pensei que fosse aqui, na Faculdade.

SARA

Pois é, meu caro professor, metade do tempo escrevo textos infantis na fábrica de brinquedos, metade do tempo trabalho aqui. Sua ex-aluna progride, como vê. Não dá pra ser intelectual *full-time*, neste país, mesmo intelectual de fábrica de brinquedos.

OTO

Ainda bem.

SARA

Vão de uísque?

MÁRIO

Vou.

OTO

Vou. Pra variar. (*A Mário*) Quase não bebo. (*Sara serve.*)

SARA

Como vai Vera? Não a vejo há uma semana.

MÁRIO

Aquilo que você conhece. Nada a derruba.

SARA

Também, com tal marido.

OTO

(*Estranhando*) Vai ver você também não sabe que Sara é irmã de Ludmila, minha mulher?

MÁRIO

Absoluta surpresa. Juro que não sabia.

SARA

Vê. Tudo em família. Com licença.

MÁRIO

Senta aí um pouco conosco.

SARA

Não dá. Tenho que sair já. O garçom serve vocês. (*Sai*)

OTO

(*Choca o copo com Mário.*) Tim-tim.

MÁRIO

Tim-tim. (*Bebe*) Um ano que vocês vivem juntos?

OTO

Trezentos e sessenta e cinco dias. Hoje!

MÁRIO

Uma eternidade!

OTO

É isso aí!

MÁRIO

Por que vocês não se casam? Você acha mesmo que não é importante?

OTO

Pra quê? Eu e Ludmila vivemos bem assim.

MÁRIO

E filhos, vão ter?

OTO

É todo um problema. Por coincidência Ludmila hoje de manhã foi ao médico buscar o resultado de um exame. Acha que está grávida. De repente ficou louca pra ter um filho: diz que está ficando velha.

MÁRIO

Ela é mais velha do que Sara?

OTO

Mais nova. Vinte e quatro anos.

MÁRIO

Uma anciã. Eu sou casado há quase esse tempo. Ano que vem faço vinte e cinco anos de casado.

OTO

(*Ironizando*) Como é que se chama mesmo? Bodas de quê? De prata portuguesa, né? (*Mário que acena que sim, sorrindo, conformado.*) Me diz aqui, existe vida depois de vinte e quatro anos de casado?

MÁRIO

Acho que existe (*Noutro tom*) É... Já passei casado metade da minha vida. Ou estou enganado? Será que não é vida? Que é que você acha?

OTO

Não sei, é difícil. Eu é que devia perguntar: foi meu professor durante tanto tempo. Acho você, sinceramente, um homem claro, aberto. Curioso – você nunca viajou, viajou?

Mário

Não, nunca saí daqui.

Oto

Nunca saiu do Brasil? (*Mário acena que não.*) Nem uma vez?

Mário

Não. Nunca saí do Rio. (*Acentuando*) Nunca saí da minha cidade.

Oto

Você não acha que isso pode ter limitado um pouco a sua... potencialidade, com licença da palavra?

Mário

Júlio Verne escreveu todas aquelas aventuras maravilhosas sem nunca sair de Nantes.

Oto

Bem, mas Júlio Verne – aquilo é coisa menor. Não tem nada a ver com o ser humano no seu sentido mais profundo.

Mário

Kant nunca saiu de Koensberg.

Oto

É?... Bom, mas Kant, ainda assim, vê? Também faltava a ele a humanidade necessária pra...

Mário

Carlos Drummond só saiu do Brasil uma ou duas vezes, pra ir a Buenos Aires visitar a filha...

Oto

Está bem. Ganhou. Ninguém precisa viajar pra enriquecer o espírito. É que pra mim a permanência no estrangeiro foi tão definitiva.

Mário

Quanto tempo você ficou nos Estados Unidos?

Oto

Cinco anos. Dos vinte aos vinte e cinco. Quando voltei era outro homem.

Mário

É realmente uma longa viagem. Mas pode estar certo, o importante não foi a viagem: foram os cinco anos. Você sabe o que dizia Mark Twain? (*Não de Oto.*) "Quando eu tinha vinte anos achava meu pai um completo idiota. Quando eu fiz vinte e cinco fiquei besta com o que o velho tinha aprendido nesse espaço de tempo."

Oto

(*Ri. Noutro tom.*) Não sei, hoje o mundo oferece experiências que não estão aqui, a diferença entre nós e a civilização é cada vez maior. Os jovens aqui não têm vez. Há uma consciência existencial maior do mundo civilizado.

Mário

Você acha mesmo?

Oto

A consciência de que a vida tem que ser instável.

Mário

Cuidado. *Viver perigosamente* é um slogan fascista.

Oto

Não estou falando de política. Estou falando de relações humanas.

Mário

Qual a diferença?

Sara

(*Saindo pela direita, com outra roupa, livro e bolsa na mão.*) Tchau. Abraço na Vera.

Mário

Tchau. Obrigado.

Oto

Ela adora a irmã. (*Noutro tom.*) A diferença é que hoje a gente transa com uma pessoa e, quando não dá mais, a gente se manda.

Mário

Simples assim?

Oto

Me diz aqui. Pode a gente escolher uma pessoa só, das milhares que conhece, e ficar com ela pra sempre? Pode?

Mário

Você está falando de casamento?

Oto

É.

Mário

De monogamia?

Oto

É. (*Os dois bebem.*) Mas não da minha, vê bem! Estou falando da tua.

Mário

Ah, É?

Oto

Uma monogamia falsa, quando as pessoas não têm nenhuma experiência anterior. Uma monogamia hipócrita, condenada ao fracasso. Eu fiz todas as experiências honestas – abertamente – até chegar a uma monogamia emocionante, porque buscada e consentida. É o que eu queria.

Mário

(*Bate palmas.*) Bravo! (*Noutro tom*). Que é que você está querendo? Me abalar, a esta altura do campeonato? Que eu confesse vinte e quatro anos de hipocrisia? Que eu chore pelas experiências múltiplas que você teve e que eu não tive? Oto, vinte e quatro anos é muito tempo para eu largar num minuto só.

Oto

Se você achasse, agora, que está tudo errado, ainda teria tempo para mudar?

Mário

É muito tarde. Não teria mais sentido. Vera está lá, me esperando, tão boa companheira, mãe de meus filhos... Sabe, depois, nas relações passionais não basta querer: é preciso encontrar o outro lado. Uma coisa sempre ocasional. Você teve mesmo muitas experiências profundas, antes de viver com essa moça?

Oto
O suficiente, acho.

Mário
De todo gênero?

Oto
Praticamente.

Mário
Homossexuais também?

Oto
Posso não responder?

Mário
Isso já não seria uma resposta? De qualquer forma não vejo por que não responder. Você está com medo dos meus preconceitos ou ainda tem alguns?

Oto
Nenhum dos dois. É que eu teria que entrar em

detalhes, contar episódios indefinidos, relações que se passam em fronteiras ainda não demarcadas da sensibilidade humana...

Mário

Não dá pra eu entender! É isso?

Oto

É. Eu acho que aí a prática é fundamental.

Mário

De cama?

Oto

(*Sorri e faz que sim.*) Os meandros dos sentimentos, o como é que é, o toque, o odor, a aproximação, o tipo de compromisso, a capacidade de aceitação da liberdade alheia e do controle do próprio egoísmo é coisa que a tua geração – perdão, é o que eu acho – não poderá mesmo jamais entender. ISSO é coisa nova.

Mário

Acho que você tem razão: eu não aceitaria com muita facilidade minha mulher dormindo com outro.

Oto

Você nunca teve que enfrentar essa hipótese?

MÁRIO

(*Sacode a cabeça energicamente.*) Nunca. A coisa só me passou pela cabeça, uma vez ou outra, vagamente. Nunca chegou sequer ao estágio do ciúme.

OTO

Tua mulher, Vera, casou virgem?

MÁRIO

Uma moda, como qualquer outra, eu já te disse. E nunca me pareceu especialmente reprimida por só ter dormido comigo, mesmo depois que vocês, mais moços, começaram a balançar o nosso coreto, ou melhor, a nossa cama. A ideia de direitos que nunca chegamos a exercer nem por isso nos transformou num casal ansioso. É bem verdade que eu também me casei sem experiência maior e sou, até hoje, um homem sexualmente muito bem comportado.

OTO

Mas a tua geração é uma geração de homens prevaricadores que, em consequência, deixam as mulheres insatisfeitas.

MÁRIO

Esse pode ter sido o erro da minha geração, não

foi o meu. Prevariquei sem maior entusiasmo, apenas uma meia dúzia de vezes.

Oto

E tua mulher poderia ter feito o mesmo?

Mário

Não era moda. Uma mulher como a minha só faria isso com um envolvimento mais profundo. Isso é coisa que a tua geração – perdão, é o que eu acho, jamais poderá entender. Você viajou muito mas não tem o toque, o tipo de aproximação, o conhecimento do compromisso e da restrição da liberdade estabelecidos humildemente entre nós. Tua mulher te engana? Perdão, enganar pra você é uma palavra sem sentido – tem direito a experiências com outros homens?

Oto

É claro. Isto é, se quiser (*Mário que bebe.*) Eu não sou dono dela!

Mário

Mas ela usa esse direito?

Oto

Não. Se usasse eu seria o primeiro a saber.

Mário

É uma certeza ou uma esperança? (*Entra Ludmila. Linda, completamente desinibida. Suave.*)

LUDMILA

Boa tarde.

MÁRIO

Boa tarde. (*Se levanta.*)

OTO

Oi! (*Também se levanta, beija Ludmila. Apresenta.*) Professor Mário. Ludmila.

LUDMILA

Prazer, (*bem pronunciado*) Ludmila Sakarov Triana.

MÁRIO

(*Senta novamente, cara ligeiramente perplexa diante do nome.*) Toma alguma coisa?

LUDMILA

Obrigada, quase não bebo. Se importa se eu fumar?

MÁRIO

Ora! (*Oferece um cigarro. Ludmila agradece com um gesto. Fuma e dá uma tragada a Oto.*) Como é mesmo teu nome?

LUDMILA

Ludmila Sakarov Triana.

MÁRIO

Você tem ascendência russa?

LUDMILA

Não. Nasci em Minas. Meu nome de batismo é Maria José Formiga. (*Ri*) Não dá, né? A gente tem que exigir uma lei permitindo às pessoas mudarem o nome a certa altura da vida. Por que é que a gente tem que carregar no nome a idiotice dos pais? Resolvi me chamar Ludmila Sakarov Triana.

MÁRIO

É. E como é que você faz, com os papéis?

LUDMILA

Que é que eu posso fazer? Apresento os de Maria José Formiga e me sinto uma embusteira. Você acha que eu tenho cara de Maria José Formiga?

MÁRIO

De maneira alguma. Assim que você entrou eu vi que era Ludmila Sakarov Triana.

OTO

Como é que foi o exame?

LUDMILA

Negativo. (*Passa envelope que Oto abre e lê.*)

OTO

Chato!

LUDMILA

(*Guarda o envelope.*) Eu e Oto estamos querendo ter um filho, agora.

MÁRIO

Ele me disse.

OTO

Mas estou começando a desconfiar que eu sou estéril. Vou ter que fazer um exame sério pra verificar.

MÁRIO

E se você for estéril? (*Oto dá de ombros num tom de conformismo.*) Isso é sempre uma frustração na vida de um casal. (*Deliberado*) Qualquer forma de casal. Por mais moderno que seja. Parece mesmo que essa é a única grave frustração e angústia do homossexualismo – a não reprodução, a ausência de continuidade. A imortalidade bloqueada. O sexo terminando, *sempre*!, no próprio gozo. Um orgasmo no vácuo.

LUDMILA

Que é que isso tem a ver conosco?

MÁRIO

A angústia é a mesma. Digo, quando o casal *quer* ter filhos e não pode.

OTO

Você está transferindo a minha frustração individual pra Ludmila. Ela não tem nada com a minha provável esterilidade. Não é sócia das minhas limitações.

MÁRIO

Mas vocês não se amam? Desculpem, não estou entendendo bem. (*Para Ludmila*) Eu e Oto estamos neste tema há uma porção de tempo...

LUDMILA

Parece que não há outro tema, há muito tempo. Depois que a política deixou de ser possível, cada um resolve pelo menos pensar mais em si próprio, olhar mais o próprio umbigo.

MÁRIO

É isso mesmo. Até eu, digo, minha geração. A gente pensa o que perdeu, o que não fez... se vocês não estarão certos.

LUDMILA

Alguma dúvida quanto a isso?

MÁRIO

Bom!, ele diz que você não tem nada a ver com a esterilidade dele. Quer dizer que, se o exame der que ele é estéril, vocês se separam?

OTO

Por quê? Ninguém falou nisso.

MÁRIO

Vocês estão pensando em quê, então! Inseminação artificial ou o quê?

LUDMILA

O quê! (*Longa pausa, diante do tom dela. Bebem. Fumam. Mário que espera uma explicação que sabe que virá.*) Professor Mário, Oto sempre me disse que o senhor é o homem mais lúcido que ele conhece na sua geração...

MÁRIO

(*Sorriso*) O homem mais lúcido de minha geração quer dizer, pra você, um que ficaria no banco de reservas na geração de vocês...

Ludmila

Não foi uma restrição. Falei da sua geração, professor, por falar. Para situar.

Mário

Quer fazer um favor? Me chama de Mário.

Ludmila

Olha, Mário, com toda tua lucidez, há barreiras definitivas entre as gerações... Sobretudo entre as nossas.

Mário

Me diz qual é a minha barreira: o que é que eu não posso entender.

Ludmila

Entender não é o caso. Você não pode sentir e, portanto, não pode admitir. Olha, se Oto for estéril, eu não vou me condenar também à esterilidade, nem vou ter um filho artificial. Desculpe; não pretendo escandalizá-lo. Eu vou ter um filho com outro homem. Por que não?

Mário

Sem se separar dele?

Ludmila

Por que não?

Oto

(*Depois de breve hesitação.*) Por que não?

Mário

(*Olhando para Oto.*) É... (*Longa pausa.*) Por que não? (*Luz que desce em resistência.*)

Vera-Narradora

Mas, será assim, tão fácil? Como se estabelece uma relação dessas, na prática? Destinada a um objetivo determinado, "nobre", essa relação não será, por isso mesmo, mais excitante? Como se marca o encontro? Direto? Brutalmente? Os dois se encontram logo no *local?* Em *que* local? No dele? No dela? Ou campo neutro? O outro, o comborço, deverá ignorar a hora e o local do sacrifício depois de concordar com ele, ou sofrerá essa hora e a consciência do encontro? E os dois, ao se encontrarem, como deverão agir – frios e determinados, como convém a uma experiência dessas, ou simulando ternura? Bom, é preciso ternura, pois se trata de um ato destinado à produção de um filho. Porém a ternura, mesmo simulada, nós sabemos, tende a criar uma ternura verdadeira por parte do outro e tornar verdadeira a ternura que o primeiro simulou... (*Luz que baixa em resistência.*)

Cena III: Rotina

(No escuro, a luz da televisão ligada reflete sobre Mário. A luz geral sobe em resistência. Mário toma um uísque. Está, domesticamente, em mangas de camisa, sem sapatos mas de meias, com os pés em cima de um banquinho qualquer. Lê.)

Som da televisão

Em resumo: As tropas Sírias dominam mais da metade de Beirute, já tendo destruído dezoito quarteirões da cidade. No Chile foi assassinado o líder soviético Ennekoro Ilicha. Na Ucrânia foi assassinado o embaixador da Rodésia Smith Smith. Os dois navios petroleiros de quinhentas toneladas que colidiram no Mar do Norte deixarão poluídas as praias de toda aquela região durante pelo menos oitenta anos. O Senado Americano aponta mais 85 personalidades internacionais, entre ministros e chefes de estado envolvidos no escândalo da Lockheed. Segundo a meteorologia no Rio, amanhã, muito sol, muita praia. *(Mário que alonga o braço, diminui o som do aparelho.)*

Mário

(Ruído de chave, Vera que entra, vindo da rua.)

Oi! (*Tira o som da televisão. Vera que dá alguns passos do balé doméstico.*) Sara não veio com você?

VERA

Estava cansada. Tem comitê amanhã. Resolveu ir dormir.

MÁRIO

Que tal a peça?

VERA

Excelente. Um pouco crua.

MÁRIO

Crua como? Muito sexo?

VERA

É. Muito palavrão.

MÁRIO

Ficou chocada?

VERA

Acho que sim. Sabe como é, quando a gente se acostuma com uma coisa, eles inventam outra.

MÁRIO

O que é que eles inventaram desta vez? Algum

palavrão novo? Alguma forma nova de ato sexual? Se tem me diz que eu vou lá – ainda estou em idade de aprender.

Vera

Nesta peça eles dizem os palavrões na cara da gente. A representação é feita no meio do público. E tem uma cena sexual que parece até que a gente está participando.

Mário

É mesmo? Deviam cobrar mais! (*Pausa. Toma uísque.*) Você sabe, quando eu hoje vejo certas cenas de cinema e teatro, com esses mulherões todos nus se esfregando nos atores, confesso que sinto uma bruta inveja. Se eu tivesse vinte anos hoje eu não ia ser filólogo coisa nenhuma – ia ser ator. De preferência de pornochanchada. Eu fico besta – os caras são pagos pra fazer aquilo!

Vera

E elas não são pagas também?

Mário

(*Intencional*) Elas sempre foram.

Vera

Porco chovinista! (*Beija-o*) Está arrependido pelo tempo perdido?

Mário

(*Retribui o carinho, pega um livro grosso a seu lado, na mesinha, entre vários outros livros, folheia-o como quem vai ler.*) Você às vezes não pensa que errou de encarnação? Que tomou um bonde na frente do teu destino?

Vera

É. Ninguém pode deixar de pensar nisso, a certa altura. O que será que nós perdemos?

Mário

(*Pondo-se noutra posição. Mais afirmativo. Tirando os pés do banquinho.*) Podemos nos compensar, nós dois, de sermos os que vivemos melhor em nossa geração. Mas volta e meia temos inveja deles, que vieram depois. Não acredito que eles jamais tenham inveja da gente.

Vera

Não foi sempre assim, uma geração atrás da outra, não será apenas a melancolia do envelhecimento?

Mário

Um pouco. Mas acho que o salto foi grande demais. De nós pra eles. E agora então, com as mulheres soltas... A vida dos homens virou um paraíso.

VERA

Você já está tão acostumado com isso. Afinal suas aulas são assistidas mais por moças do que por rapazes... (*Pega um papel na bolsa.*) Ah, Sara mandou pedir se você pode assinar. (*Entrega a ele o papel e os óculos. Mário põe os óculos, lê.*)

MÁRIO

Catzo, agora são os bascos! (*Assina*) Garrote vil! Franco podia, ao menos, fazer um garrote nobre. (*Noutro tom*) Hoje estive com Oto.

VERA

Quando é que ele voltou da Europa?

MÁRIO

Já há mais de um mês. Mas só me encontrei com ele hoje e estivemos conversando sobre essas coisas: homem e mulher. Eu, ele e a mulher dele... A conversa de sempre. Mas confesso que a relação deles me perturbou: me pareceu uma coisa extraordinária.

VERA

Eu nem sabia que ele tinha casado.

MÁRIO

Quer dizer, casou: vive com uma moça... ótima, por sinal. É o melhor exemplo que já vi do que eles chamam mulher nova. Nem falei muito com ela não, mas tirei na pinta: a gente sente que ela está mesmo na dela. Um jeitão esplêndido.

VERA

Se você gostou eu quero conhecer. Esse tipo de jovem me deixa sempre fascinada. Só temos filhos homens – em homem a liberação se nota menos. Gostaria tanto de ter tido uma filha assim. Como é o nome dela?

MÁRIO

Ludmila.

VERA

Ludmila Sakarov Triana?

MÁRIO

É. Você conhece?

VERA

Maria José?

MÁRIO

De onde é que você conhece?

VERA

Conheço só de nome. E de lenda. É irmã de Sara.

MÁRIO

Eu sei. Oto me disse. Elas têm alguma coisa em comum. Convidei ela e Oto pra jantarem aqui, quarta-feira. Oto quer muito ver você. Dá?

VERA

Claro. Eu já tinha pedido a Sara pra convidar. Sara baba de admiração por ela. Se acha quadrada diante dela. Imagina! Você quer um café?

MÁRIO

(*Faz que não.*) Obrigado. Vou acabar esse uísque e dormir.

VERA

(*Sentando perto.*) Como é que ela é? Morro de curiosidade.

MÁRIO

(*Pensando, lento.*) Bem, não masca chicletes. (*Vera sorri; Mário noutro tom.*) Tem o olhar de quem te olha desconfiada, desconfiando, desconfiança que não é com você, é com os mais velhos. E uma espécie de esperteza sem objetivo, infantiloide, talvez, certamente destrutiva.

De gente que nasceu bem depois da segunda guerra. Quando se pertencia definitivamente a outra geração e não à melhor das duas. O sentimento não é novo, você sabe. Mas hoje foi mais chato. Não pude deixar de me perguntar: "O que é que há comigo?" E no entanto ela me olhava profundamente interessada. (*Pausa*) Aquele mesmo profundo interesse histórico que eu tenho pela escrita cuneiforme.

VERA

O negócio é que a gente queira ou não, a onda acabou por afetar também a nós, a velha classe média cansada de guerra.

MÁRIO

Classe média. Meia-idade. *Médio*-cridade.

VERA

O fato é que isso nos bastou a todos, até agora: a ideia medíocre de que viemos de um pai e de uma mãe, nós mesmo somos pai e mãe... (*O telefone toca, ela vai atender. Mário presta vaga atenção, depois começa a ler.*) Alô. Chiico. Você está falando de onde? Oh, Chico, meu filho, São Paulo ainda? Não vem? Estávamos esperando você, a Beatriz e o menino pra... (*Pausa*) Ah, é?

Sei. Sei. Mas Beatriz tinha que ir mesmo a Guarujá? Ora! Quando? Sós? Não, era só pra você ir ver sua avó no hospital e depois você voltava. Amanhã mesmo. Tá. Tá bem. Que é que vou fazer? Beijo. (*Desliga. Para Mário que volta a prestar atenção.*) Chico não vem de novo este fim de semana... Está lá outra vez tomando conta do menino. Beatriz foi pra Guarujá. (*Luz que baixa em resistência.*)

Cena IV: Jantar

(*Luz que vai subindo, bem lentamente, em resistência. No escuro ainda se ouve o ruído de copos e talheres e o bruáá final de jantar. Quando a luz chega ao normal vê-se Vera, Mário, Sara, Oto e Ludmila acabando de jantar. Vera se levanta, pega dois pratos. Mário se levanta também. Sara ajuda Vera. Ludmila tenta ajudar, Sara não deixa.*)

Vera-Narradora

Uma semana depois. (*Entra na cozinha, sai logo.*)

Sara

(*Tira alguma coisa das mãos de Ludmila.*) Deixa; eu levo. (*Entra empregada, tira outras coisas da mesa.*)

VERA

(*Em pé; para Oto que se senta. Bebe alguma coisa.*) Eu vivo dizendo que não é comigo: sou carta fora do baralho. Mas a emancipação não está promovendo, antes de tudo, a irresponsabilidade masculina?

LUDMILA

(*Para Mário.*) Você não acha isso bom?

MÁRIO

Magnífico. Mas a intenção era mesmo essa ou isso foi descoberto por acaso, como o Brasil?

LUDMILA

(*Irônica*) O acaso é uma explicação que a nossa ignorância dá à nossa vaidade. Não é assim que dizia Santo Agostinho? (*Sara entra e senta também.*)

MÁRIO

Falando de coisas vivas, Oto; como é que você defende o nosso amedrontado machismo diante dessa beleza de moça tão independente e tão segura?

LUDMILA

Eu, segura? Coitadinha de mim. Só da boca pra

fora. Qualquer Jesse Valadão desses por aí me faz tremer na base.

OTO

Você acha que eu tenho alguma responsabilidade?

MÁRIO

Acho, claro. É fundamental uma responsabilidade tua com relação a ela e vice-versa. Só assim o casal se protege das sacanagens de um contra o outro. Senão você cai num liberacionismo doidão e o mais fraco dos dois, ó (*bate com a mão espalmada na outra mão fechada, gesto clássico*) toma na tarraqueta. E o mais fraco é sempre o homem. Sem regras não há jogo. Eu acho que a coexistência perfeita entre homem e mulher só vai existir quando os dois aceitarem que há diferenças fundamentais entre homem e mulher. Não há dois bichos mais diferentes na face da terra.

LUDMILA

Quer dizer, meu professor, que no momento exato em que as moças rejeitam um destino biológico você sugere que elas voltem a aceitar isso?

Mário

Não é só o destino da mulher que é biológico – o do homem também. Porque é feito de material mais pesado e tem dentro da barriga menos peças de relógio, foi sempre a tarefa dele sair de casa todo dia, no vento e na chuva, procurando o rinoceronte onde quer que ele estivesse.

Ludmila

(*Sempre gozando*) "O marido é teu senhor, tua vida, teu protetor, teu chefe e soberano. É quem cuida de ti e, para manter-te, submete seu corpo a trabalho penoso seja em terra ou no mar. Sofrendo a tempestade à noite, de dia o frio, enquanto dormes no teu leito morno, salva e segura, segura e salva." William Shakespeare. *Megera Domada*. Quem fala é Catarina, a megera domada. Agora eu pergunto: Por que o homem não aproveitou a caça ao rinoceronte e se mandou de vez?

Mário

Algumas vezes se mandou. Poucas. E sempre sentiu a necessidade de voltar.

Ludmila

Necessidade ou obrigação?

Mário

Condicionamento. Voltar é a palavra mais usada em todas as canções desde que o homem – perdão, o ser humano – inventou a canção. Desde que o Filho Pródigo voltou e foi festejado com um vitelo gordo, as mulheres nunca mais deixaram de puxar o saco dos grandes voltadores prendendo o homem na mística da volta. De Alexandre a MacArthur passando por Marco Polo e todos os apaixonados que se ausentam a maior promessa que as mulheres sempre exigiram dos homens foi: "Eu volto".

Ludmila

Você está invertendo a história: não são as Penélopes que se sacrificam esperando Ulisses. Ulisses é que é um pobre mártir voltando, vinte anos depois. Eu também acho. Pô, ficou vinte anos rodando pelas boates helênicas, comendo tudo quanto é sereia das ilhas gregas, não tinha nada que voltar pra chatura da família.

Mário

Aí é que a porca torce o rabo. Não é chatura, a família. A volta só existe porque fora do seu próprio grupo familiar, da sua própria gente, não há glória nem graça. O verdadeiro herói volta para contar – ao pai, ao filho, primo, neto, esposa, tia. A mitologia grega é uma tremenda transa familiar. O herói sempre volta: pro desfile e a chuva de papel picadinho no meio de sua própria gente.

SARA

Oi!

LUDMILA

Viva! (*Oto bate palmas brevemente.*)

VERA

Apoiado! (*Se levanta, dá um beijinho em Mário.*)

OTO

Você acha mesmo que a família ainda funciona? A tua não vale; é uma exceção.

MÁRIO

O que acontece é que a família caiu em desgraça. Agora é preciso ter muita coragem pra defender a ideia de que cumprir obrigações com os que nos cercam é um ato criativo e apaixonante. Todos nos dizem que, para sermos liberados, temos que evitar o próximo, ignorarmos a dor alheia individual e sobretudo... não lavar a louça. Por isso defender a família hoje é um ato suspeito.

Preferimos todos fraternidades distantes, solidariedades remotas: ao Vietnã, à África Negra ou a qualquer grupo menos votado de necessitados. Servir e alimentar a família é coisa menor sem *charm*, não é noticiado nem no Jornal Nacional da Tevê Globo. (*Se levanta. A luz baixa sobre os outros. Ele vem ao proscênio.*) O carinho entre marido e mulher, a disciplina imposta aos filhos para que aprendam a sobreviver na selva, os atos de modestas restrições diárias em favor de um tio ou afilhado, a aplicação profunda na tarefa rotineira, uma linha ética diante do grupo familiar – agora tudo isso nos dá a mesma vergonha que nos dava ser apanhados lendo uma revista pornográfica, dez anos atrás. Mas os mais pobres – não falo dos miseráveis – sabem que só podem se defender a partir da coesão e da proteção familiar, sua eterna hierarquia: Pai, mãe, filha, filho, avô, tios, primos, cunhados, noras, genros – uma constelação de afetos, crises, mortes, direitos, responsabilidades, chatices, lealdades. (*Pausa*) Quando a mulher se atribui...

LUDMILA

(*Sai da semiescuridão, vem para o proscênio. Enquanto Ludmila fala, Mário mergulha naturalmente na penumbra em que estão os outros.*

Acende cigarro, fuma etc. Todos se comportam naturalmente, como se não a escutassem.) Quando a mulher se atribui o direito de sair do seu lugar, todas essas lealdades desaparecem e a constelação explode. É preciso, pra manter essa estrutura, que a gente aprenda a não competir com o homem, como esposa, irmã, tia, sobrinha – como empregada pode. A gente deve se educar cuidadosamente até atingir uma estupidez completa com relação a máquinas e ideias, conservando nossa sublime delicadeza, maciez de tecido, nossa sincera obediência, de preferência boquiaberta. (*Recita gozadora.*) "Por que razão o nosso corpo é liso, suave, delicado, não preparado para a fadiga e a confusão do mundo, senão para que o nosso coração e o nosso espírito tenham delicadeza igual ao exterior?" (*Noutro tom.*) Senão pra conservar melhor a nossa capacidade pra tudo que é trabalho chato, monótono e infindável? (*Luz geral.*)

Oto

Como escreveu um aluno meu, desses que gostam de enrolar: "A família é uma fórmula social buscando permanentizar a natural contingência das relações sexuais e sentimentais em benefício da estabilidade política, isto é, dos interesses econômicos das classes dominantes". (*Riem, sobriamente.*)

VERA

Shaw disse de maneira mais simples: "Quando dois jovens estão apaixonados, num estado de exaltação febril e patológica, a sociedade bota diante deles um padre e um juiz e exige que eles permaneçam o resto da vida nesse estado anormal, deprimente e exaustivo." (*Risos*)

MÁRIO

(*Vem de novo, lentamente, fumando, ao proscênio, luz só sobre ele. Joga cigarro no chão. Pisa. Os outros no escuro.*) As ideologias atuais, sempre falando em coletividades, na verdade estimulam o ego e o individualismo. Até o sistema capitalista, que necessita de trabalho competitivo, racionalismo e poupança, usa sua imensa máquina de propaganda, nos filmes, nos jornais, nas Coca-Colas, a favor da falsa aventura de viver, das viagens sem motivo, das mudanças sem propósito – o turismo organizado está aí mesmo. Ficou mais fácil ir ver *in loco* a Muralha da China do que conhecer o subúrbio de Madureira. Enfrentar essa onda e gritar que a família ainda é a instituição mais profundamente humana é provocar graves suspeitas de reacionarismo. Mas veja o paradoxo: como indivíduos podemos escolher as nossas relações entre pessoas de nossa preferência, do mesmo gosto, com os mesmos interesses, mesmo nível cultural e até na mesma faixa de idade. Na família é que somos obrigados a enfrentar diferenças essenciais ao ser humano: um tio burro, uma irmã mesquinha, um cunhado bicha, um primo subversivo. Não escolhemos os pais e não temos a menor influência na forma do irmão. Pela família pagamos um supremo tributo à condição humana, ao parto, à doença, à roupa suja, à mediocridade de nós mesmos, à morte. A família nos lembra sempre que viemos do pó, a ele voltaremos e, pior, temos que limpá-lo dos móveis todo dia. (*Nesse exato momento a empregada, com bandeja bonita, de prata, e aparelho brilhante igual, entra no foco de luz. O aparelho de café deve dar o tom digno, familiar, classe-média-elegante. Mário se volta para a semiescuridão.*) Cafezinho? (*A luz geral se acende. Todos se movimentam com mais agilidade. Mário vai servindo, derramando café do bule nas xícaras, depois de botar açúcar. Vera apanha a dela, se servindo sozinha. Mário para Sara, se referindo ao açúcar.*) Muito ou pouco?

SARA

Uma colherzinha. (*Mário a serve. Ludmila conversa com Vera. Enquanto todos bebem a luz abaixa, em resistência.*)

CENA V: DECISÃO

(*A luz sobe, ligeiramente azulada.*)

OTO

(*Apagando um quadro-negro, como quem acaba de dar uma aula.*) Bom, por hoje é só. (*Olha o relógio.*) Já enchi o saco de vocês todos, sobretudo o das moças. Quarenta e três minutos seguidos de aula. Gostaria que vocês, na próxima vez, se preparassem pra discutir comigo as diferenças de personalidades de dois líderes africanos: Agostinho Neto e Idi Amim Dada. (*Ri*) Para os que tiverem preconceitos raciais podemos estudar elementos comparativos entre dois líderes brancos americanos: Lincoln e Gerald Ford. Na quarta eu digo quem foi que ganhou o meu livro como prêmio pelas composições sobre o tema: "A Vida Sexual dos Irmãos Villas Boas vista pelos Kreenakarore"... Até quarta. Tchau. (*Sai, como quem dá uma volta. Se encontra com Mário.*) Oi.

MÁRIO

Oi. Cheguei um pouco atrasado!

OTO

Aproveitei pra esticar a aula. Fiz média com a rapaziada. Tenho falcatruado um pouco ultimamente. Vamos até o bar. (*Os dois entram no bar, se sentam. Garçom traz gelo, uísque etc.*)

MÁRIO

Aconteceu alguma coisa especial? (*Oto acena que sim com a cabeça.*) O quê? Posso ajudar?

OTO

Bom... (*Hesita*) Não é fácil. Que idade você tem, Mário?

MÁRIO

Ué, que pergunta esquisita!

OTO

Eu sei que estou sendo indiscreto. E, afinal, já sei, mais ou menos... Você foi meu professor tanto tempo.

MÁRIO

Quantos você me dá?

Oto
Cinquenta ou, quase.

Mário
É.

Oto
Mas fica tranquilo, você parece bem menos.

Mário
Eu sou tranquilo. Daí parecer menos.

Oto
Mário, você se lembra da última vez em que estivemos aqui, tem um mês, e pouco?

Mário
Lembro.

Oto
Da nossa conversa, eu digo?

Mário
Claro. Não é conversa que se esqueça. Fiquei até meio... abalado.

Oto
Pois é, rapaz, a coisa não tá fácil. Eu e Ludmila

andamos discutindo, analisando, pensando como resolver nosso problema.

MÁRIO

O do filho?

OTO

É.

MÁRIO

Mas você é mesmo estéril?

OTO

O exame é definitivo.

MÁRIO

Bom, colocado o problema como vocês colocaram (*sorrindo*) – tão desavergonhadamente, não me parece lá muito difícil. (*Noutro tom*) Olha aqui, Oto, de vez em quando eu acho que vocês estão todos malucos!

OTO

Toda renovação depende dos doidos. É uma profunda experiência existencial.

MÁRIO

Não acredito que vocês tenham estrutura pra aguentar essa barra. Estão brincando de viver.

OTO

Nós sabemos até onde podemos ir.

MÁRIO

(*Suspira. Quase erótico.*) Bom, meu velho, Ludmila é uma mulher não apenas bonita e inteligente – é especial, fora de série. Se vocês estão mesmo dispostos podem escolher quem bem entenderem pra cruzar com ela. O termo é rude?

OTO

A ideia é essa.

MÁRIO

É evidente que vocês não vão pegar o primeiro que passar na rua. Mas, aqui no meu fraco entender, acabarão numa escolha genética – racista. E talvez mesmo ariana.

OTO

Acertou no racista não acertou no ariana. Nós dois, brancos, de classe média, não vamos escolher, por exemplo, um preto ou mulato proletário. Mas nem se pode cogitar disso. É apenas natural que escolhamos na nossa própria raça e na nossa própria faixa social. O contrário não seria senão uma demagogia reles. Como também seria natural que a gente escolhesse na nossa própria faixa etária, entre os homens que estão na minha ou na idade dela. Mas você pode estar certo de que eliminamos de saída o arianismo. Nosso filho não terá, necessariamente, um pai louro, de olhos azuis. Isso está resolvido. A dificuldade começou quando nós decidimos que tínhamos que ser realistas até o fim: já que nos decidimos à experiência por que não considerarmos também caráter, inteligência e, sobretudo, coração, isto é, bondade?

Mário

Já ouvi você dizendo que a bondade é uma abstração inventada pela igreja pra enganar os pobres.

Oto

A bondade existe. (*Ri*) Ludmila me convenceu.

Mário

Então, está resolvido: Escolham pela bondade.

Oto

Mas isso encerra outras dificuldades: Não vamos escolher um cara que seja bom mas um idiota, débil mental.

Mário

Agora começo a compreender. Se vocês tomaram a bondade como virtude fundamental do *doador*

– posso usar essa palavra também? – a coisa fica abstrata: e terão que reduzir o círculo da escolha. Terão que conhecer melhor a pessoa. Não poderá ser mais o primeiro que passe na esquina. (*Bebe*)

OTO

Continua perfeito o enfoque humano com que você pega as coisas no ar, as digere e sintetiza. Essa extrema lucidez é o outro motivo por que nós decidimos escolher você.

MÁRIO

(*Se engasgando com a bebida.*) O quê?!!!

OTO

Escolhemos você porque é um homem saudável, lúcido e bom, muito bom!

MÁRIO

Mas, espera aí Oto, vocês endoidaram de vez? Estão, o quê, me testando?

OTO

Olha pra mim. (*Longa pausa*)

MÁRIO

O absurdo está aumentando. Há alguma coisa fundamentalmente doente no que vocês estão fazendo e... (*Para, reflete.*) É, tinha que ser eu. Isto é, tinha que ser alguém como eu. Uma vez pensada a maluquice, tinha que ser. Agora fica claro...

OTO

A você eu não preciso esclarecer nada. Ou existe algum ponto obscuro?

MÁRIO

Vejamos – a bondade. A bondade, no caso, serve para tudo. Se eu for realmente bom, como vocês dizem, não abusarei da posição privilegiada – não é privilegiada? – (*Oto acena que sim*) em que vocês me colocam.

OTO

Exato.

MÁRIO

Também, como a bondade não é uma qualidade natural mas criada com esforço brutal, vocês só a poderiam encontrar amadurecida num homem, como eu (*Pausa*)... de mais idade.

OTO

Perfeito.

MÁRIO

Foi por isso que me escolheram?

OTO

Por isso.

MÁRIO

Tem mais alguma coisa?

OTO

Você sabe que tem.

MÁRIO

Para ser um homem bom teria que ser um homem mais velho, e, sendo um homem – deixemos de histórias, Oto, pra Ludmila eu sou um velho. Ainda um bom reprodutor mas um velho. Sendo um velho isso torna a coisa mais segura pra você, porque o envolvimento de Ludmila comigo fica quase impossível. Com um jovem esse risco seria muito grande. Até onde foi você que a induziu a escolher como qualidade fundamental não a bondade mas a velhice?

OTO

Quando ela chegar aqui você pergunta. Eu não fiz mais do que discutir com ela, como estou discutindo com você. Contive todas as minhas ânsias, preconceitos, ciúmes, deixei ela livre.

MÁRIO

(*Sorrindo*) Mas está aliviado por ela não ter se decidido, afinal, por um desses garanhões gregos que andam aí pelas praias, não está?

OTO

(*Bebe demoradamente.*) Estou. Estou e ela sabe disso.

MÁRIO

Desnudamento total?

OTO

Total. Estamos vendo onde é o fundo do poço.

MÁRIO

De que poço? Do teu, do dela, do meu, do de todos?

OTO

Mais do meu, até agora. Quem está abrindo mão de posses fundamentais no momento sou eu. Ludmila vai em busca de sua realização biológica. Ela sabe disso. Você...

MÁRIO

Eu sou o premiado!

Oto

Não consigo pensar de outro jeito: você é o premiado.

Mário

Você admitiu a hipótese de eu não querer?

Oto

Em princípio *admitimos*. Mas, não posso acreditar numa recusa. A força de uma mulher jovem e bonita como Ludmila é irresistível. E depois (*irônico*) seria uma ofensa imperdoável!

Mário

É... (*Pausa. Bebe.*) Mas eu não aceito, Oto.

Oto

Por que razão? Você não tem razão! Você não é um puritano! Você não é um impotente! Porque resistir a uma experiência dessas, profunda, intensa, nova? Apenas por orgulho intelectual – como afirmação pra você mesmo? Pra dizer que resistiu?

Mário

Me diz aqui: você acha mesmo que vocês jovens foram os inventores da lealdade? Eu tenho uma profunda obrigação ética com minha mulher, Vera. Você permite? Posso ter?

Oto

Tem mesmo? Confesso que não pensei que chegasse a tanto. (*Pausa. Quase decepcionado.*) É mesmo uma recusa?

Mário

Que é que você quer? Que eu traia minha mulher e pense que não traí apenas porque se trata de um ato – como é que se classifica esse ato – humanitário? Acho que é uma palavra pobre pruma experiência tão emocionante em todos os sentidos. Ou que não a traia e peça a ela pra participar como observadora?

Oto

Por que não? Vera tem as limitações do seu tipo de vida mas é uma mulher extraordinariamente inteligente...

Mário

Vera tem quarenta e cinco anos.

Oto

... apesar da idade dela.

Mário

Esse é todo o problema. Nesse assunto, uma avançadíssima mulher de quarenta e cinco anos é mais quadrada do que uma quadradíssima mulher de vinte. Pelo menos é o que nós dois pensamos – você e eu.

Oto

Você acha então que não há possibilidade de você chegar pra ela e...

Mário

Convencê-la? Impor? Na altura da vida em que ela está só poderia aceitar. Ou fazer sem dizer? Olha, eu não seria capaz. Permita-me ser tão leal quanto você.

Oto

Isso significa...

Mário

Isso significa, Oto, que vocês escolheram o homem errado. Eu não aceito. (*Os dois bebem. Longo silêncio. Garçom serve etc.*)

Oto

Definitivo?

Mário

Definitivo. (*Longo silêncio.*)

Oto

Mário, vou te fazer uma confissão.

MÁRIO

Você está profundamente aliviado por eu não ter aceitado.

OTO

Estou profundamente aliviado por você não ter aceitado.

MÁRIO

Você discutiu muito com Ludmila, discutiu com honestidade, mas se sentiu profundamente aliviado quando ela concordou em que devia ser eu, e não um jovem bonitão qualquer.

OTO

(*Mecanicamente*) Eu discuti muito com Ludmila, discuti com honestidade, e me senti profundamente aliviado quando ela e eu decidimos que devia ser um homem como você e escolhemos você.

MÁRIO

E agora, você tira um peso do coração com a minha recusa e ganha tempo porque as discussões terão que começar de novo e talvez ela desista definitivamente da ideia.

Oto

(*Baixo, tenso mas sem drama.*) Mário, eu não suporto a ideia! Você tem razão: é uma loucura. Eu embarquei numa loucura. Enquanto a coisa era só falada, uma conversa, uma teoria, era muito bom. Mas, na prática... Não suporto a ideia de outro cara pegando ela, beijando ela, metendo nela e, o pior, ela gostando – seja em nome do que for! (*Olha, como quem vê alguém. Seu olhar atrai o de Mário na mesma direção. Os dois ficam de pé, à espera. Ludmila vem se aproximando. Pelo olhar dos homens o público deve ser forçado a olhar quem chega. Ludmila está mais bonita do que nunca, leve, ondulante, altamente sensual, mas sem nenhuma afetação especial. É uma máquina feminina perfeita, moderna, no* optimum *do seu funcionamento. Sua roupa, seu ar, paradoxalmente, são um pouco* belle époque. *Deve entrar pelo percurso mais longo do teatro, no meio do público, fazendo um caminho irregular, como quem vem passeando. Afinal, entra no bar. Beija Oto, depois beija Mário. O beijo de Mário é insensivelmente diferente, na medida em que ele agora sabe da sua valorização como macho.*) (*Sentam.*)

LUDMILA

A tarde está maravilhosa. Não existe nada igual a esse outono do Rio. Mário, você conhece a piada da pombinha que estava esperando o pombinho na floresta da Tijuca? (*Mário faz que não.*) A pombinha tinha marcado encontro com o pombinho. Estava lá, na floresta, no telhado da Capela Mairinque Veiga, esperando, ansiosa. Passou meia hora, passou uma hora, e nada. Cada barulho de asa o coração dela batia, pensando que fosse o namorado. Afinal, depois de duas horas, o pombinho chegou, cansado. Deu uma arrulhadinha nele e ela perguntou, zangada: "Por que você demorou tanto?" "Desculpa, meu amor", respondeu o pombinho, "eu saí lá da Cinelândia na hora certa mas a manhã estava tão bonita, que resolvi vir a pé." (*Riem. Ao garçom que se aproxima.*) Caipirinha com vodka polonesa. Eu vim a pé desde a Glória... Dois quilômetros... Nunca me senti tão bem desde que voltei ao Brasil. (*O garçom serve.*) E vocês dois aqui, no escuro, como dois morcegões pendurados no sótão do castelo... (*Ao garçom.*) Quer botar minha música? (*Ouve-se "As time goes by", cantada por Harry Nilson.*) (*Para Mário.*) Música do nosso tempo, Mário... Será que é mesmo a canção mais bonita que já foi escrita? (*Ri*) Você acha que estou ficando velha?

MÁRIO

Está. É. A juventude é muito velha.

LUDMILA

Com que idade a gente fica jovem?

MÁRIO

Aos cinquenta. (*Pausa*) Mas aí já é tarde.

LUDMILA

Mas, fisicamente, eu ainda estou bem, você não acha? (*Beija Oto carinhosamente. Assentimento de Mário.*) Na rua eu recebo muitas opiniões não solicitadas mas são sempre a favor!

MÁRIO

Como é que eles dizem hoje? No meu tempo se dizia: "Essa é a nora que meu pai queria!"

LUDMILA

(*Sempre alegre.*) Não mudou muito. Um diz "Putz!", outro diz "Que balanço", noutro dia um me disse "Esto es mujer e non la porqueria que tengo a casa". (*Riem, breve.*) E tem os que vão direto ao assunto: "Que rabo!" (*Ri*) Tudo afirmações tolas, machistas – mas, enquanto existe essa bolsa de valores é bom a gente sentir que está na alta – que está vivendo o seu horário nobre. Eu vinha andando por aí, sabe, nesse sol quase frio, nessa tarde clara, e meu sentimento de plenitude era tão grande, eu com tanta consciência dele que as lágrimas me vieram aos olhos. Vim ali pela Glória, à esquerda o morro, o outeiro, eu moça, me sentindo bonita num mundo de gente tão feia, instruída e educada, com condições de vida incríveis: já imaginou, eu posso até ganhar minha vida sozinha num país subdesenvolvido. Não é um privilégio? Eu, cheia de saúde, amando e sendo amada, com tempo, com condições, com vontade de ajudar outras pessoas e querendo mil coisas, sabendo que vou fazer mil coisas, viver mil vidas. E aí... (*Para. Vê os dois bestas, escutando.*) Estou falando demais? (*Os dois riem.*) Tô dando uma de baiano, pô! (*Sem transição.*) Que é que vocês estavam conversando? (*Os dois que se calam. E, evidentemente, Ludmila sabe sobre o que os dois conversavam. Mário se levanta.*)

MÁRIO

(*Sorve o resto do copo já em pé, como quem vai sair. Joga dinheiro na mesa. Apoia a mão no braço de Oto. Olha para os dois firmemente.*) Oto, meu amigo, eu aceito! (*Luz que se apaga em resistência.*)

VERA-NARRADORA

Hebe, filha de Júpiter e Juno. Concebida por Juno depois de comer uma salada de alface. (*Dá de ombros.*) Linda, e sempre no esplendor dos vinte anos, foi consagrada como a Deusa da Juventude. Durante as bacanais era portadora da ânfora das libações, de onde derramava néctar na boca dos velhos deuses. Expulsa do Olimpo quando apanhada numa cena indecorosa, continuou, porém, sendo representada como uma virgem coroada de flores, vestida com roupas transparentes e coloridas. Tinha o poder de restaurar, nos homens e nos deuses, o vigor da juventude.

FIM DO PRIMEIRO ATO

ATO II

Cena VI: Como sempre

(*Vera liga a televisão – som baixo – entra e sai pela porta da cozinha. Entra Mário. Tira o paletó, sem gravata, joga em cima de uma poltrona. Beija Vera. Se joga ele próprio numa poltrona, com ar cansado.*)

Mário

Oi. (*Vera grunhe delicadamente à maneira dos casais longamente casados. Mário pega um jornal para ler.*)

Vera

Como é que foi o debate?

Mário

Não houve.

Vera

Que foi, censura?

MÁRIO

Não; aquela esculhambação da Tevê Globo. Marcaram a gravação ao meio-dia, às duas eu vim embora. Não sei como aquele pessoal aguenta. Ficam lá todos aqueles artistas famosos, horas e horas, esperando nos corredores, como meninos de colégio. Ninguém protesta.

VERA

Com uma televisão só monopolizando o mercado que é que você quer que eles façam? Você esteve com Oto?

MÁRIO

(*Sem saber se vai responder ou não, mergulhado no jornal.*) Humm?

VERA

Esteve com Oto?

MÁRIO

Não estive. Não tive tempo.

VERA

E o jantar em casa deles?

MÁRIO

Ihh, esqueci de combinar. Amanhã eu falo. Tem tempo.

VERA

Você quer um uísque?

MÁRIO

Quero. Deixa que eu apanho. (*Os dois, agora, sem falar, fazem de novo o balé doméstico, longamente ensaiado. Ele se levanta, dobra o jornal, põe em cima de um móvel. Entra na cozinha, faz pequenos barulhos de quem tira gelo. Volta com balde de gelo e copos. Assobia* "As time goes by". *Abre um armário, tira garrafa de uísque, serve. Vera, enquanto isso, põe as coisas na mesa, como da primeira vez em que se a viu fazendo. Fecha a garrafa de uísque que ele deixou de fechar. Ele volta a se sentar. Conversam, a partir de determinado ponto.*)

VERA

Você quer que mande servir o jantar logo?

MÁRIO

Já não, obrigado, estou sem fome.

VERA

Então vou mandar a empregada embora. Senão você sabe como ela fica.

Mário

Então manda servir.

Vera

Não, deixa, eu mando ela embora, depois eu mesma sirvo.

Mário

Ora, que bobagem, pra que esse trabalho? Comemos mais cedo e pronto.

Vera

Que é isso? Você vai comer obrigado só pra não me dar um trabalhinho à toa? (*Entra para cozinha. Mário aumenta o som da televisão.*)

Som da televisão

Caderneta de Poupança, é o cofrinho da Del... (*Mário vira o botão.*)

Som da televisão

(*Canto*) Cabelo e pontas!... Menos alcalino, protege mais os seus cabelos... (*Mário vira o botão.*) *Minimum price system*... nas casas da Ba... (*Mário vira o botão.*)

MÁRIO

A televisão está socializando o país pela estupidez.

SOM DA TELEVISÃO

No mutirão de todos, o progresso de cada um. Este é um país que vai pra... (*Mário desliga a televisão. Se recosta na poltrona, os braços por trás da cabeça, murmura, surdamente, quase sem sentir.*) Lar!

VERA

(*Entrando*) Pronto. Quando você quiser eu sirvo. A não ser que você prefira ir a um teatro (*Olha o relógio de pulso.*): ainda dá tempo. Depois comemos alguma coisa, por aí. Há tanto tempo não jantamos fora.

MÁRIO

Tem alguma coisa boa pra gente ver?

VERA

Só essa argentina que está aí. Dizem que é ótima.

MÁRIO

Não tou a fim de argentino hoje. Prefiro ir dormir cedo. Por que você não vai até a casa de Laura?

Vera

Estive com ela a tarde toda. (*Depois de alguns movimentos se senta. Recosta a cabeça na poltrona, como ele, diz, satisfeita:*) Lar!

Vera-Narradora

Existe vida depois de vinte e cinco anos de casamento? Vera acha que sim. Ela e o marido têm nadado juntos nas mesmas águas esse tempo todo batendo nas pedras de vez em quando, evitando as correntezas mais perigosas. Primos entre si, como certos números, eles aprenderam a esgrima do convívio diário. Viram os filhos nascer, riram com os amigos, fofocaram e fofocam como todo mundo, e, nos momentos mais graves, sabem se aguentar nas pontas: ele contém nos devidos limites suas irritações maiores, ela chora escondida no banheiro, pois é assim que agem os casais civilizados. Os filhos foram crescendo comendo toneladas de comida, tendo sarampo, tosse, catapora, e um deles, ai que susto! dando um sinal, felizmente não confirmado, de homossexualismo. Foi só uma vez, no colégio, uma brincadeira mal interpretada, é claro – o garoto era macho. O fato é que a casa está bem cuidada, quieta, limpa. Ele sai para a caça do dinheiro na selva de pedra. Ela o gasta com parcimônia, critério, sabedoria mesmo. Mário e Vera são amigos de não muitas pessoas – todos casais: como na Arca de Noé aqui não entra animal desacompanhado, a não ser Sara, irmã de Ludmila, mas isso é coisa recente. Votam na oposição; quando o governo deixa. Estão envelhecendo bem e ela, Vera, pra inveja de todas as amigas, mantém a mesma silhueta há vinte anos. Vestida, é claro! (*Em tom de profundo conformismo.*) O importante aqui é que ele é o marido *dela*. Ela é mulher *dele*. Não é como a bosta do mundo aí fora em que ninguém é de ninguém. (*Luz que baixa até penumbra.*)

Cena VII: O encontro

(*Cena à meia luz que ficou da cena anterior. Muda para um tom róseo. Ambiente clausural. Cama enorme, sobre o branco e o cinza bem claro. Pela esquerda entra Mário. Pela direita entra Ludmila. Esta cena tem o máximo de delicadeza e ternura. Todo o erotismo virá daí e não de qualquer excessivo sensualismo. Mário avança até Ludmila, parada. Segura-lhe as mãos, beija-as. Abraça-a, apertando-a contra si. Beija-lhe a testa, as faces e os olhos.*)

MÁRIO

Que bom! Pensei que você não viesse!

LUDMILA

Eu viria de qualquer maneira! Não combinamos?

MÁRIO

Eu duvido sempre.

LUDMILA

Por quê?

MÁRIO

(*Beija-a agora na boca, com ternura e calor. Ao mesmo tempo puxa-a para a cama, onde os dois ficam abraçados durante um certo tempo, numa composição disforme. Enquanto há o pequeno diálogo seguinte a luz vai baixando mais e mais, até blecaute.*) Eu tenho sempre medo de que você não venha, só isso. (*Disfarçando com ironia.*) Você é um prêmio grande demais pra mim, pra que eu acredite que não vão me acordar a qualquer momento.

LUDMILA

E eu, o que digo? Estou perturbada até onde nunca pensei poder ficar.

MÁRIO

Vira assim. Estou te machucando?

LUDMILA

Não.

MÁRIO

É assim?

LUDMILA

Hum! (*Longo silêncio. Movimentos quase insensíveis.*)

MÁRIO

Nunca imaginei que o carinho pudesse ser tanto. (*Blecaute total por um momento.*)

LUDMILA

Qual é o teu signo?

MÁRIO

Capricórnio.

LUDMILA

O mesmo de Pilatos. Capricórnio é o signo dos heróis incompreendidos.

MÁRIO

Pilatos foi um herói?

LUDMILA

Claro, da mesma raça de Judas e Calabar.

(*A luz vai subindo lentamente, vendo-se os dois recostados na cama, descansando. Estão sem roupa. Mário fuma.*)

LUDMILA

Você tem prazer nisso? (*Referindo-se ao cigarro.*)

MÁRIO

Um vício muito antigo. Experimenta.

LUDMILA

(*Fuma*) Horrível. Sem graça. E, além do mais, dá câncer. (*Pega a bolsa, tira um cigarro, acende no dele, fuma.*)

MÁRIO

(*Franzindo o nariz.*) Cheiro horrível.

LUDMILA

Questão de hábito. Eu acho esse aí pior. (*Pausa.*)

MÁRIO

Coisa estranha, nós dois, aqui.

LUDMILA

É.

MÁRIO

Ainda não consigo acreditar bem... Não se vive impunemente a vida inteira num caminho... e... de repente... (*Sorri*) Uma relação como essa, proposta quase como um ato de cinismo...

LUDMILA

(*Corrigindo*) Desafio.

MÁRIO

E agora! (*Pausa*) Eu sei que Oto morre de horror por causa desses encontros.

LUDMILA

Eu sei. Não tenho dúvidas. Mas como é que você sabe?

MÁRIO

Que é que eu posso te dizer, que não soe como uma pretensão? Não tenho feito outra coisa na vida a não ser olhar o comportamento humano. Quando Oto me propôs dormir com você ele podia não saber, mas eu sabia que ele estava blefando. Com toda a fingida sofisticação dele, ele é apenas um macho brasileiro da segunda metade do século XX. Jamais será um sueco, jamais poderá deixar a mulher com outro homem, sem sentir uma dor violenta nas entranhas.

LUDMILA

Os suecos não sentem?

MÁRIO

(Ri) A julgar pelos filmes de Ingmar Bergman sentem muito. (*Põe o cigarro no cinzeiro.*) Quando teve mesmo que ceder, Oto cedeu porque não podia destruir a imagem que tinha criado diante de você – a do homem iluminado, acima das vãs mesquinharias da posse, da propriedade, do individualismo. De qualquer forma, sabia que, se recuasse, perderia você. Cedeu por uma vez achando que uma vez resolveria o problema da fecundação. Quando a tua fecundação não veio teve que ceder uma segunda vez, por que não? Eu fico imaginando com que amargor, com que angústia! Mas não podia mais parar – tinha que ceder outras vezes até você ficar grávida. Os enredos em que a vida nos mete, Ludmila! Não há possibilidade de se ter alegria sem doer em alguém! A minha exaltação de estar aqui com você todas estas vezes é proporcional à dor que Oto deve estar sentindo. Eu próprio, cada vez que estou aqui com você, detesto mais a ideia de você voltar pra ele. Imagine ele, que ainda é o dono.

LUDMILA
Nada. Oto não sente nada.

MÁRIO
Você acha?

LUDMILA
Oto não sabe de nada.

MÁRIO
O que é que você quer dizer com isso?

LUDMILA
Ele não sabe que eu me encontro com você.

MÁRIO
Você o está traindo... comigo?

LUDMILA
Não tive outro jeito. Eu não podia deixar de me encontrar de novo com você depois da revelação que foi o nosso primeiro encontro. Ele não perguntou nada, claro, não houve uma conversa especial sobre o assunto mas a ânsia dele era tão visível que eu percebi que não suportaria saber de outros encontros.

MÁRIO

E então, começou a traí-lo.

LUDMILA

De qualquer forma eu já o tinha traído da primeira vez. Não era pra ser como foi. Eu te juro que jamais poderia esperar o golpe fulminante que recebi. Isso não acontece duas vezes na vida. Eu estava me entregando a você e sentindo a violência da traição. E então resolvi mentir a ambos. A ele dizendo que nossa relação não tinha sido possível...

MÁRIO

(*Estranha; custa a entender.*) É o que estou compreendendo? (*Ludmila acena que sim.*) Impotência? *(Avacalhando)* Ludmila, você me chamou de brocha? (*Ludmila, rindo, afirma que sim.*) Essa não! *(Carinho)*

LUDMILA

Que é que você queria que eu fizesse quando percebi a imensa angústia de Oto? Que coisa lhe daria mais prazer do que eu dizer que o ato não tinha sido consumado? Isso lhe deu a segurança absoluta de que eu não estaria mais com você e a satisfação psicológica de ter levado sua experiência de liberação até as extremas consequências. Que alívio prum homem! Que realização prum intelectual! E que decepção pra mim ao perceber que Oto era mais fraco do que eu supunha.

Mário

A fraqueza dele foi apenas admitir um absurdo – que você tinha o direito de procurar outro homem.

Ludmila

Não tinha?

Mário

Você tinha que escolher entre ficar com ele, esquecendo a necessidade do filho, ou abandoná-lo. Oto estava blefando, eu disse. A princípio até pra ele mesmo. Nenhum ser humano aceita uma experiência dessas sem tremer na base. É um desvario intelectual. Idiota!

Ludmila

Eu aceitaria.

Mário

Europa, França e Bahia – eu sei, você viveu tudo, em toda parte. Tem vinte e quatro anos de vida e vinte e quatro mil de experiência. Mas não sabe o que está dizendo.

LUDMILA

Você acha que estou mentindo?

MÁRIO

Não, você só não pensou direito. Como mulher você jamais poderia ter *essa experiência*. Se você fosse a estéril e Oto o normal, a coisa nem chegaria a ser proposta. Como é que ele faria? Dormiria com outra mulher e pediria a ela o pequeno incômodo de ficar com o filho na barriga nove meses para depois entregar a vocês? Vocês pagariam a ela o aluguel da incubadeira, ou o quê?

LUDMILA

É. (*Pausa*) Se eu tivesse pensado nisso não teria aceitado de Oto um direito que não podia retribuir com absoluta igualdade.

MÁRIO

Está arrependida? (*Beija-a*)

LUDMILA

(*Desconfiada*) Por que você não me disse isto antes? (*Beija-o com grande carinho, quase que já sabendo a resposta.*) Não te ocorreu antes?

MÁRIO

Claro.

LUDMILA

E por que não disse?

MÁRIO

(*Cínico*) Eu também sou humano.

LUDMILA

(*Cúmplice*) Mas isso é uma canalhice deliberada.

MÁRIO

Qual é a diferença entre a canalhice deliberada e a não deliberada? Um ano de cadeia a mais. Vale a pena. (*Pausa*) Vale a pena? (*Ludmila responde beijando-o.*) Que fazer, agora?

LUDMILA

O quê?

MÁRIO

Se você ficar grávida, por exemplo.

LUDMILA

Estou tomando cuidado. (*Mário se levanta, depois de olhar o relógio na mesinha de cabeceira.*) Está na tua hora?

Mário

Não tenho mais hora. (*Se veste. Quando está pronto, diz lentamente, de maneira estranha.*) Você sabia que as latas de lixo de Budapeste são todas padronizadas? (*Luz que baixa.*)

Vera-Narradora

E aí a alquimia da existência começa a dominar a teoria da existência. Ludmila, ao lado de Oto, quase que não o vê, cada dia mais fascinada com o próprio umbigo. E o de Mário, é claro. Vera, com a intuição que antigamente se dizia feminina, começa a suspeitar, por um atraso de Mário, uma desatenção, uma resposta vaga ou injustamente irritada, que o lar pode ser o castelo do homem mas é apenas a ratoeira da mulher. A afirmação de Mário de que já não tem mais hora, isto é, hora de chegar em casa, significa apenas a certeza de que o tempo lhe escapa. Como se ajustar à realidade dos relógios se as horas velozes que ele curte com Ludmila são as mesmas horas infinitamente lentas que, agora, Vera espera? (*Acentuar a rima.*)

Cena VIII: E agora, Giusepe?

(*Casa de Mário e Vera com muita flor. Vera acabando de arrumar mais um vaso. Campainha toca. Ela vai abrir. Enquanto se dirige para a porta diz ao público – "Três meses depois..." Entra Mário. Beijam-se.*)

Vera

Ué, esqueceu a chave?

Mário

Ou esqueci no escritório ou perdi, não sei. (*Põe pasta num móvel, tira paletó.*) O mecânico veio trazer o carro?

Vera

Veio. Eu paguei: oitocentos cruzeiros.

Mário

Putz!

Vera

(*Abre uma gaveta, pega uma pequena carteira.*) Tirei seus documentos do porta-luvas – você esqueceu quando mandou consertar o carro. Podiam ter roubado na oficina.

MÁRIO

Ah! É.

VERA

Mandei pagar as multas que estavam aí.

MÁRIO

Que eficiência! Obrigado. Quanto foi?

VERA

Duzentos e poucos cruzeiros. (*Sorrindo*) Que é que você andou fazendo pra pegar duas multas de estacionamento proibido na Avenida Rui Barbosa na hora em que devia estar dando aula na Cândido Mendes?

MÁRIO

(*Apanhado*) Eu na Avenida Rui Barbosa?

VERA-NARRADORA

Apanhada de surpresa pela surpresa de Mário, Vera reage como manda o figurino – isto é, mal. (*Sem transição se dirige a ele.*)

VERA

Que é que há Mário? Duas multas? Se fosse uma só ainda vá lá podiam errar! Mas duas!

Mário

Sei lá. Esse Detran toda hora vive mandando multas erradas – com esses computadores idiotas.

Vera

Computadores educados na tua Universidade. Mário, que é que está acontecendo? Você está me mentindo?

Mário

Mentindo por quê? Só porque eu disse que não estacionei nesse lugar aí? Não, eu não fui nesse lugar aí. Há anos que não paro na Avenida Rui Barbosa.

Vera

(*Falsamente conciliatória.*) Eu não posso te ajudar, Mário? Alguma coisa está acontecendo.

Mário

Ajudar em quê? E o que é que está acontecendo?

Vera

Nesse dia da multa você não foi à Universidade. Você não deu aula.

Mário

(*Um pouco assustado.*) Como é que você sabe?

Vera

(Irônica) Essas coincidências dramáticas, Mário. Olha a data da multa: aniversário do Bianco. Eu telefonei pra você pra saber se íamos em casa dele. Você não estava. (*Pausa*) Você nunca deixa de dar aula. Você deixou de dar aula por quê, Mário?

Mário

Eu é que pergunto agora, Vera – que é que está acontecendo? (*Chateado*) Depois de velha deu pra me vigiar?

Vera

Que coisa grosseira, Mário, não estou te vigiando: descobri sem querer.

Mário

Descobriu. Viu a palavra que você usou? Descobriu. Palavra de investigador, típica, policial.

Vera-Narradora

Mas aí, depois de floreios e meneios, evasivos, negativos, agressivos, compulsivos, Mário faz uma coisa que todas as mulheres presentes sabem que é absolutamente original – ele confessa. (*A partir daqui, luz esverdeada.*)

Mário

(*Se atirando na poltrona, com ar cansado, de quem desiste.*) Vera, esse tipo de discussão nunca houve entre nós. Não tem nenhum sentido essa nossa discussão.

Vera

É mesmo, meu bem. De repente a gente brigando por causa de besteira qualquer, de uma multa idiota. (*Beija-lhe o rosto.*) Me perdoa. Eu sei que você jamais me mentiria.

Mário

É por isso que estou me sentindo péssimo, tendo que mentir pra você pela primeira vez. Não posso.

Vera

(*Estranhando*) O que é que você quer dizer?

Mário

A verdade. Já aguentei muito. Não posso ocultar mais. De repente eu me envolvi com outra pessoa.

Vera

(*A confissão é um golpe para ela. Ela recua, como nos folhetins, deixando cair a cadeira.*)

Oh! (*Longa pausa*) Meu Deus, que é que você está me dizendo, Mário?

MÁRIO

A verdade. Era só uma amizade, no princípio, nós nem percebemos; quando vimos tínhamos perdido a direção e o controle. Resumindo. Eu amo outra mulher.

VERA

(*Baixo. Tensa*) Mário! (*À parte, berra para o mundo.*) ELE AMA OUTRA! MEU MARIDO AMA OUTRA! (*Calma. Baixinho*) Quem é ela?

MÁRIO

Ludmila!

VERA

(*Espanto*) Ludmila?

MÁRIO

É.

VERA

(*Berra*) Ludmila! (*Leva a mão na boca. Se levanta.*) Desculpe se eu gritei.

MÁRIO

Gritou? Não, você não gritou.

Vera

Ludmila, Mário, a irmã de Sara? Ela mesma?

Mário

A mulher de Oto.

Vera

Mas é uma menina!

Mário

Pois é.

Vera

Mas isso é uma loucura. (*À parte*) Isso passa. (*Alto*) Você... Você não precisava me contar.

Mário

Você queria a verdade. Agora me sugere que eu devia manter uma mentira.

Vera

Eu não queria *essa* verdade. A essa verdade eu preferia qualquer mentira. Qualquer mentira, Mário. (*A luz verde termina aqui.*)

Vera-Narradora

Vera tem a súbita percepção de que a escritura de posse do marido não era verdadeira – Era apenas um arrendamento temporário. Mas ela vai exigir prorrogação. Fazendo qualquer concessão, pagando mais do que a outra interessada, ocupando só a metade das acomodações. Solitária a essa altura da vida, nunquinha. Rejeição, humilhação, ciúme, amargura, nada interessa. Ela vai chorar, vai se queixar, implorar. Pode sofrer o diabo, mas não vai ser em silêncio. Decidida a isso, perdido o pudor, Vera põe a boca no mundo. Conta a todas que queiram ouvir. Consulta. Política. É outra mulher. Surpreendidas, as pessoas a olham com aquela mesma mistura de curiosidade e sadismo com que todos nós, no conforto de nossos automóveis, diminuímos um pouco a marcha pra olhar um cadáver atropelado na Avenida Brasil. Agora, diante dela, todos os mais tolos, os menos experientes, os mais loucos, os mais moços e os mais cegos, viram sábios, donos do mistério, dão conselhos definitivos. É... O país da dor de corno é uma imensa democracia.

(Atenção: Os conselhos são divididos em: 1) Ditos pelos atores, de costas. 2) Ditos por pessoas de máscaras. 3) Vozes gravadas, Off. Tudo isso alternado ou não.)

Costureira

Você tem que se arrumar melhor. Você anda muito entregue às baratas.

Amigo

Ó ó ó minha filha, professor cinquentão não resiste a uma dessas coisinhas fofinhas dizendo "Corte referencial epistemológico."

Mulher-vulgar

Trate dessas celulites. Já leu *Sexo depois dos quarenta*?

Outra

Eu, se fosse você, dava pra outro.

Velha

É assim mesmo, minha filha – burro velho adora capim novo.

Manicura

Luta, dona Vera. Luta.

Chata

Você está liquidada. Quando o bicho dá na goiaba não tem jeito.

(*Durante a cena, Vera vai se virando para cada um dos lados, ouvindo as vozes, até cair numa poltrona, exausta.*) (*Luz baixa ligeiramente.*)

Vera-Narradora

E, subitamente, a vida que, nestas bandas, sempre

foi uma modesta comédia de costumes, começa a virar drama. (*Luz que desce mais, se apaga.*)

Cena IX: O outro lado

(*No bar doméstico, Ludmila apanha um copo no balcão. Vai se sentar ao lado de Oto que já está servido.*)

Ludmila

(*Sentando*) Está muito zangado?

Oto

Que é que você acha? Ficamos lá, esperando, como uns idiotas, mais de uma hora. Por que você não foi? Quando eu saí de casa você já estava se levantando...

Ludmila

Dormi de novo. Estava cansada. Como é que foi a reunião?

Oto

O Ministro também chegou atrasado. Duas horas. Só recebeu às quatro. O encontro foi um fracasso.

Ludmila

A Heloneida Studart não falou?

OTO

Falou, mas pouco, não tinha ambiente. Acho que o Ney nem tomou conhecimento das reivindicações. Sabe como é, conversou cavalheirescamente, aquele jogo de gentilezas antigas quando se fala de "coisas de mulheres". Você fez uma imensa falta...

LUDMILA

Sara pintou por lá?

OTO

Foi, mas ficou calada. Também está profundamente chateada com você.

LUDMILA

Ah, que é que há? Também não posso ser babá de todo mundo!

OTO

Como, ser babá de todo mundo? Isso é uma coisa séria, fundamental. Você está nisso desde o início. Foi quem organizou. Sara tem toda razão. Na hora agá você pula fora! Deixa de comparecer ao mais importante, porque... porque ficou dormindo. Que é que você tem, está doente?

LUDMILA

(*Se levanta, passeia, irritada.*) Nunca me senti tão bem. Acho que estou cheia, é só. Acho que nada quer dizer nada.

OTO

(*Realmente surpreendido.*) Ué!

LUDMILA

Ué, o quê?

OTO

Que qué isso!

LUDMILA

(*Com infinita "paciência".*) O quê, Oto?

OTO

Você vai dar uma de cética no meio da sinfonia? Deixa isso pra Sara. Ela é que acredita no destino, nas conjunções astrológicas.

LUDMILA

Cética ou não cética, Oto, isso nós examinamos depois. O que interessa é que eu tenho que pensar em mim também.

OTO

Ninguém está pedindo pra você não pensar em

você. Você está misturando as coisas. Não tem nada a ver o cu com as calças.

LUDMILA

Tem, Oto, fui empurrada: deixei de ser uma pessoa para ser mola de uma liderança; a minha nunca foi essa, você sabe.

OTO

O que é que você vai fazer? Pode sair, mas devagar. Todo mundo conta com você porque todo mundo te acha excepcional.

LUDMILA

Besteira. E eu não assumo isso – participo, ajudo, colaboro. Mas não venham com essa de me botar como amostra grátis do comportamento social da mulher emancipada.

OTO

Mas eu sempre achei que isso e a sua vida eram uma coisa só. Nunca nada te prendeu. Teve a vida que quis, desde criança. Usou toda a educação que adquiriu contra quem te educou. Tua ideia de liberdade.

LUDMILA

É isso. Por isso quero continuar solta. (*Intencional*) Solta!

Oto

Onde é que dói? (*Gesto de enfado de Ludmila.*) Você está querendo mesmo me... nos deixar no meio do caminho?

Ludmila

Oto, eu não quero é me sentir obrigada a nada. Tenho não apenas o direito mas a obrigação de ser feliz. É esse o meu exemplo.

Oto

(*Triste*) Eu estou te impedindo de ser feliz?

Ludmila

Pois é – você vê. Você fez tudo que foi possível. Com você eu não estou feliz. (*Os dois continuam a se movimentar ao fundo, vagamente, enquanto Vera fala.*)

Vera-Narradora

Aos poucos as palavras vão perdendo em significado, ganhando em malabarismo. Mário e Vera se acostumaram agora a falar nas fronteiras do que pensam. Ludmila e Oto tentam em vão explicar o que nem pensam. Mário se descobre não tão conservador quanto se achava. Quer dizer: de vez em quando já não dorme mais em casa. Ludmila menos revolucionária de costumes do que devia: aprende a fazer café e ovos quentes. Vera, tão desamparada quanto sempre foi e não sabia, faz tudo errado. Os filhos, a princípio perplexos com o tumulto logo ficam cheios com o problema dos velhos. E Oto, ah, Oto! Oto descobre que a vida é um fluxo constante que não flui necessariamente pra melhor. Dizem que, na hora da morte, quando o toureiro lhe aponta a espada entre os dois olhos para o golpe final, o touro aprende a verdade essencial de sua vida. Por isso, em tauromaquia, essa se chama A Hora da Verdade. Uma verdade, é claro, já então inútil. (*Vera que sai. A conversa dos dois continua, como se tivesse havido um corte. A partir daqui luz esverdeada.*)

LUDMILA

Durante esses seis meses evitei te dizer... Afinal não aguentei.

OTO

(*Tira as mãos do rosto.*) Seis meses! (*Pausa*) Mas você não tem que deixar. Eu te amo como te amo, não interessa o resto.

LUDMILA

(*Ternamente se aproximando dele.*) Mas a mim interessa. Eu não posso viver dessa maneira.

Oto

Mas você vem vivendo assim há tanto tempo. Você precisa de mim... também.

Ludmila

Oto, não quero ser cruel, mas... não preciso. (*Pausa*) No momento só preciso de mim mesma e de Mário.

Oto

Mas eu estou disposto a tudo, desde que você continue comigo.

Ludmila

Você acha correto?

Oto

Que maneira estranha de você falar. Correto! Virou moralista? Nós sabemos que todas as combinações são válidas. Estou sugerindo uma coisa prática. Quero ter apenas você a meu lado enquanto me acostumo... a não ter mais.

Ludmila

Eu vou viver com ele.

Oto

Que loucura! Ele vai deixar a mulher?

LUDMILA

Vai.

VERA-NARRADORA

Imperceptivelmente passamos do clima de extrema compreensão e urbanidade que a vida estabilizada permite, esquecemos refinadas ideologias e viramos de novo seres humanos integrais, isto é, caímos na vulgaridade. Já atingimos o drama embora ainda ninguém pense em tragédia. Antes da separação entre os casais – *que poderá acontecer ou não!* – três rituais são cumpridos entre Vera e Ludmila, ou, se preferem os nomes técnicos de antigamente, entre esposa e amásia. O primeiro ritual, refletido e distante, sem deixar de ser íntimo e passional, é A CARTA.

CENA X: A CARTA

LUDMILA

(*Campainha da porta que toca. Ela vai atender, abre a porta, alguém lhe entrega uma carta, ela estranha, assina protocolo, fecha a porta. Vira a carta pelo avesso para ver o remetente, estranha de novo, lê.*) Senhorita Maria José Formiga, mal posso dizer que a conheço, pois tivemos apenas um contato pessoal durante a nossa vida. Sendo irmã de uma grande amiga minha logo a assumi também como minha amiga em meu próprio lar. E, no entanto, agora, tenho a impressão de que acolhi uma víbora no meu seio. (*Ludmila vai passando por cima da leitura.*) Nhê-nhê-nhê, nhê-nhê-nhê, nhê-nhê-nhê. É claro que, sendo tão moça e, tenho que reconhecer, tão bonita, sua possibilidade de atrair um homem como meu marido (*passa por cima de outro trecho*). Nhê-nhê-nhê, nhê-nhê-nhê... ingênuo, apesar da idade... Nhá-nhá-nhá... (*lê, movimentando só os lábios*)... Ele sempre soube colocar a família e o dever acima de qualquer satisfação pessoal mas agora esquece suas obrigações mais... (*Lê, sem som.*) Depois, como poderá conciliar sua imagem de mulher moderna e liberada com a de uma concubina como tantas? (*Sorriso*) O certo é que ele não pode abandonar a família, nem você a sua liberdade. Nhô-nhô-nhô, nhô-nhô-nhô, nhô-nhô-nhô... Não posso deixar de lhe lembrar que ele já fez 50 anos. Você pode achar que está pegando um homem na plenitude intelectual e emocional, e até mesmo sexual. Conheço bem meu marido e posso lhe afirmar que esse momento já passou. Você é apenas a confirmação natural do seu processo de decadência geriátrica, de sua andropausa. (*Ludmila que fixa a carta. Deixa-a na mesa. Procura numa estante. Pega o Dicionário do Aurélio, procura a palavra. Luz que baixa, em resistência.*)

Vera-Narradora

(*Apanha conta telefônica embaixo da porta. Fala com a conta telefônica na mão.*) Uma coisa comprovada é que uma mulher desesperada, abandonada, solitária, faz a fortuna da Companhia Telefônica. Mas entre os mil telefonemas de Vera só nos interessa, no momento, aquele que é o segundo ritual: O TELEFONEMA (*disca*).

Cena XI: O telefonema

Vera

Quem fala?

Vera

Quer me chamar dona Maria José Formiga, por favor?

Vera

Não? Está bem – e Ludmila Sakharov Triana mora aí? (*Espera, tamborilando.*)

VERA

Ludmila? Aqui é Vera Toledo, mulher de Mário.

VERA

Você me desculpe, tentarei ser o mais educada que possa.

VERA

Não; temos o que falar, sim senhora!...

VERA

Mas eu tenho!

VERA

Aparentemente você não tomou conhecimento da carta que lhe mandei. Já faz quase um mês.

VERA

Não, eu sei, mas poderia... Sara está sempre comigo.

VERA

Não estou pretendendo nada. Eu é que pergunto – o que você está pretendendo? Afinal o marido é meu.

VERA

Isso é o que você pensa. O que você está conseguindo é destruí-lo aos poucos.

VERA

Você está sugando, está chupando esse homem. Me dá pena, quando o vejo.

VERA

Isso eu não permitirei nunca. Enquanto eu for viva. Nunca, minha filha!

VERA

Mas você não vê que é uma insanidade sua? Com tanto homem moço por aí, uma mulher como você, que pode dar pra quem quiser...

VERA

Ora, por que não? Já deu pra tantos.

VERA

(*Estranhando*) Ele está aí?

VERA

Por que não disse logo? Não. Não quero falar com ninguém. (*Desliga – Blecaute.*)

CENA XII: VISITA

VERA-NARRADORA

A última figura do ritual, mais desesperada, é A VISITA. Esta exige, por parte de Vera, rigoroso preparo técnico – cabeleireiro, maquiagem e o vestido melhor, isto é, o mais digno. O criterioso planejamento de quem vai enfrentar um inimigo e precisa impressioná-lo com seu potencial de fogo. Afinal o inimigo lhe roubou o marido. E, pior, tem idade para ser sua filha. (*Sai. Campainha da porta toca. Ludmila vai atender. Ludmila está no seu pior, de roupão e rolo no cabelo. Abre. Se surpreende.*)

LUDMILA

Boa tarde. (*Faz gesto pra ela entrar.*)

VERA

Boa tarde.

LUDMILA

Entre, por favor.

VERA

Obrigada. Prefiro falar aqui mesmo. (*Vera entra. Enquanto fala examina as coisas e Ludmila.*)

LUDMILA

Sente-se, por favor.

VERA

Obrigada. Prefiro ficar de pé. (*Senta*)

Ludmila

Bebe alguma coisa?

Vera

Nada, obrigada.

Ludmila

(*Junto às garrafas*) Bucanas ou Bucanas?

Vera

Bucanas, se tiver.

Ludmila

(*Se dirige para o pequeno bar.*) Só com gelo?

Vera

Puro. (*Ludmila bota gelo, entrega o copo. Senta. Espera. Vera bebe.*) Vou ser o mais breve possível, (*para o público*) disse Vera, bem formal.

Ludmila

(*Concordando*) Por favor.

Vera

Você sabe por que é que eu vim aqui.

Ludmila

É óbvio.

Vera
Vim sem avisar.

Ludmila
Estranhei.

Vera
Preferi assim. Compreende, não a queria prevenida. (*Para o público*) disse Vera, muito digna.

Ludmila
Sei.

Vera
No meu caso é importante.

Ludmila
No seu caso é.

Vera
Espero que você tenha parado pra pensar no fato de que está arruinando a vida de um casal casado há mais de vinte anos.

Ludmila
Há quase vinte e cinco. Já falamos disso algumas vezes. Eu e... Mário.

VERA

(*Não tomando conhecimento.*) Você acha que tem sentido o que você está fazendo?

LUDMILA

Desculpe, sua pergunta está mal formulada. Eu estou apenas vivendo a minha vida. Ocasionalmente ela interfere em outras. Eu não posso fazer nada. O que é pior, eu destruir sua monotonia de vinte e cinco anos ou você tentar interromper o esplendor em que eu vivo há mais ou menos um?

VERA

Suas intelectualizações são extremamente desagradáveis. E irresponsáveis! Com isso você se livra de qualquer responsabilidade.

LUDMILA

(*Se levanta*) Em última análise seu problema deve ser resolvido com Mário e não comigo. Ele é maior. Ele me quer porque quer, eu não o obrigo. Eu estou com ele porque ele se tornou imprescindível na minha vida. Esta nossa conversa não tem sentido, é muito antiga. Sem nexo como todas as coisas antigas.

VERA

Como se pode ser tão cínica na sua idade? (*Para o público*) disse Vera, quase chorando.

LUDMILA

Sou uma pessoa de carne e osso. Não estou sendo cínica. Estou sendo apenas. Me ensine como não ser. Fui surpreendida em minha casa. O que podia esperar dessa visita?

VERA

Que se afaste dele. Eu sei que ele está enganado. Quando se arrepender será tarde demais.

LUDMILA

Ele não está enganado. E se algum dia se arrepender você estará sempre aí, pra recebê-lo de volta.

VERA

Realmente ele deve estar louco pra se entregar assim a uma mulher como você.

LUDMILA

Eu sou a mulher que serve pra ele; é uma coisa do destino, como diria minha irmã. Apenas, também por destino, ele nasceu trinta anos antes ou eu trinta anos depois. Mas ainda temos bastante tempo pela frente. Ele ainda é muito moço, para um Homem.

VERA

Debaixo dessa capa intelectual você é uma das criaturas mais sórdidas que eu já vi. (*Para o público*) disse Vera, puta da vida. (*Para Ludmila*) Gostaria de entendê-la, mas não consigo.

LUDMILA

Eu a entendo tão bem.

VERA

Você e suas respostas. (*Se levanta*) É, foi uma visita inútil. Você é realmente uma mulher pérfida, et cetera, et cetera. (*Vai saindo.*)

LUDMILA

Et cetera!?!

VERA

Et cetera, et cetera, et cetera (*com raiva, apontando-lhe a barriga*) et cetera!

LUDMILA

(*Com ironia olhando para si própria.*) Et cetera? (*Vera sai, abre ela mesma a porta, bate. Ludmila que sorri, triste. Luz que se apaga em resistência.*)

Cena XIII: Autopiedade

(*Luz que sobe em resistência sobre Vera, soluçando. Mário que vem do quarto como quem acabou de se vestir, vai sair.*)

Mário

Tchau, Vera. (*Vera continua a soluçar.*) Pelo amor de Deus, para com isso. Você tem que entender.

Vera

(*Levanta o rosto.*) Mas é a última vez, mesmo, Mário? (*Ele faz que sim.*) Você não pode fazer isso. Não pode. Não pode. Não pode. (*Se levanta, se abraça com ele.*)

Mário

Vera, já tivemos tantas conversas. (*Segura-lhe os braços, tentando se desvencilhar delicadamente.*)

Vera

Mas foi tão bom agora! Como antigamente. Eu tive a impressão que nunca estivemos separados.

Mário

Eu tenho que ir, Vera.

VERA

Mas por quê? Eu faço o que você quiser.

MÁRIO

Que é que você quer que eu diga que já não tenha dito antes, Vera?

VERA

Mas na hora de gozar você disse que me amava. Você disse!

MÁRIO

Coisas de sexo, Vera. Não tem nada a ver com a realidade. Não se cobra isso, depois, à luz do dia. Eu vim pra resolver definitivamente o nosso caso. Caí em tentação. Mas estou arrependido.

VERA

(*Quase gritando*) Não precisava dizer isso! (*Se afasta dele.*)

MÁRIO

Perdão, mas você me obriga. (*Noutro tom*) Você está de acordo com tudo, Vera?

VERA

Não estou de acordo com coisa nenhuma, Mário. Você não pode fazer isso comigo, como se eu tivesse vivido com você só uma semana. É a vida inteira, Mário!

MÁRIO

Mas você disse que estava de acordo, Vera.

VERA

Eu disse na cama. O que a gente diz na cama não tem nada a ver com a realidade.

MÁRIO

Por favor, não repete o que eu disse. Coisa mais irritante.

VERA

Você não vê como é que eu estou, Mário? Eu estou um trapo. Todo mundo repara, todo mundo fala de mim. É uma vergonha. (*Se senta, como no início da cena, soluçando.*)

MÁRIO

Tchau, Vera, estou cansado. Já falamos e refalamos mil vezes as mesmas coisas. Os filhos já sabem, os amigos já sabem: eu não tenho mais nada a dizer. Eu vou embora. (*Curva-se para dar-lhe um beijo.*)

VERA

Não me beije! (*Mário sai. Bate a porta. Vera chorando.*) Beija, por favor, beija. (*Blecaute.*)

CENA XIV: PROFESSOR

(*Quando a luz sobe, azulada, Mário está acabando de escrever, num quadro-negro, o nome Antonio Houaiss. Já estão escritos no quadro, Celso Furtado, Chomsky, Leonardo Bruni, George Steiner, Jacobson e Heidegger.*)

MÁRIO

(*Falando aos alunos.*) A afirmação bíblica "No princípio era o verbo" vem sendo apoiada pela especulação linguística antropológica. De uma certa forma o verbo, a linguagem, é anterior ao homem. Os primatas não tinham o córtex cerebral, onde se localiza a fala. Mas se comunicavam com rugidos, isto é, sinais de medo, alegria e alerta. Esse esforço de comunicação em milhões de anos foi que criou ou desenvolveu o córtex, armazenador e gerador da linguagem. O quê? O macaco está certo? (*Ri breve*) Hein? (*Ouve*) Claro, Sônia, o ato sexual é um ato semântico. Como a linguagem ele está sujeito à força modeladora da convenção social, às regras do procedimento da comunidade, a analogias e precedentes, embora transcenda a tudo isso. Falar e trepar são formas de comunicação universais: no corpo social e com o corpo humano. O coito é um diálogo – a masturbação é um monólogo. De que é que vocês estão rindo? (*Pausa*) Hein? Pergunta, Leila. Vejam, por exemplo, o tabu do incesto. Também é derivado da fala. Só podemos proibir o que podemos denominar. Quando inventamos a escala nominal do parentesco pai, mãe, filho, irmão, tio, primo, estava automaticamente criado o tabu. (*Ouve*) Peraí. Vamos adiante. Todas as coisas ditas, ouvidas e pensadas são naturalmente registradas em nosso córtex. Esse depósito gigantesco se modifica microscopicamente a cada coisa nova dita, ouvida ou pensada. Cada registro novo modifica portanto todo o nosso passado. Essa modificação por sua vez condiciona tudo que vamos falar no futuro. Hein? Pergunta, Leila! Se existe o passado? Olha, a cibernética se acha hoje capacitada a demonstrar que o passado tal como o encaramos não existe. Pra ela o mundo pode ter sido criado há cinco minutos com um programa de três milhões de anos de memórias. (*Escuta*) É, Aurélia, acho que a comunicação, propriamente dita, é impossível. Porque a incidência de verdades no diálogo humano é ínfima. A vocação humana – para emitir falsidades, negar, circundar, está na construção mesmo da língua – não é moral. Agora, se você juntar à inaptidão linguística a dubiedade moral e filosófica, aí a coisa fica trágica. Falamos com olho na audiência e na situação. Usamos as palavras para obter concordâncias e ocultar ideias. Transmitimos imagens preconceituosas, adulteradas, sentimentos gerados pela própria dinâmica vocabular, tudo com palavras cujo sentido não é o mesmo pra nós e pra quem ouve. A informação nos chega reles, deturpada, intencionalizada. E nós a retransmitimos reduzida ou ampliada, flexionada ou endurecida, colorida ou desbotada. O homem é, por índole e por seu próprio meio de expressão, um animal que presta falso testemunho. (*Pausa breve*) Mais alguma pergunta? (*Luz que baixa*)

Cena XV: Reação

(*Luz que se acende em resistência. Vera deitada na cama, cabeça encostada, desolada. Sara entra, vindo da cozinha, com xícara de café na mão. Pega cigarro, fuma.*)

Sara

Então, como é que está?

Vera

Ridícula. Você conhece coisa mais ridícula do que uma mulher velha apaixonada pelo próprio marido?

Sara

Há quanto tempo você não fala com ele?

Vera

Pessoalmente há mais de três meses. Falo no telefone, às vezes, ele sempre com pressa. Você sabe. (*Longa pausa*)

Sara

Você continua amando ele?

Vera

Amando? Sara, eu fui casada com ele vinte e cinco anos. Isso vale mais do que qualquer amor da tua geração.

Sara

Pois é. E aí está o resultado da tua. Até outro dia uma mulher elegante, cheia de vida e de alegria. Agora essa porcaria, desmazelada, bebendo mais do que deve, irritada, a casa uma bagunça como eu nunca vi. Nem parece aquela que fazia jantar de velinhas sozinha com o próprio marido. A cozinha está uma sujeira. Quedê a empregada?

VERA

Não sei. Não veio. Ou melhor: Eu disse pra ela não vir. Pra ficar sozinha. Tive vergonha. (*Longa pausa*) Dormi com um homem ontem.

SARA

(*Boca aberta*) Deus do céu! (*Incrédula*) É verdade? (*Vera faz que sim.*) Já?!

VERA

Que é que você queria? Que eu ficasse virgem mais um ano? Com meu sexo de luto, a meio pau pra sempre?

SARA

Calma, Vera, calma.

VERA

Não vai me dizer que está escandalizada?

SARA

Estou.

VERA

Você?

SARA

Bom, ainda bem que você reagiu. Quem é, posso saber?

VERA

Um homem – não basta?

SARA

Como é que está se sentindo?

VERA

Bem, maravilhosa.

SARA

Te olhando ninguém diria.

VERA

Quer saber de uma coisa cínica, Sara – foi a melhor trepada da minha vida. Gozei como nunca.

SARA

Que linguagem!

VERA

Estou aprendendo. Acho que ainda posso começar tudo de novo. Já sei pronunciar com naturalidade todas essas palavras que vocês dizem: pau, é foda, puta que pariu, machista, ma-chista.

Ainda dá pra eu ser uma militante? Ou frustrada não entra?

SARA

Acho que você está é bêbada. (*Longa pausa*) Não quero te chatear ainda mais, não, mas acho que o melhor que você faz é desistir, Vera. (*Pausa*) Estive com Mário e Ludmila.

VERA

Sim...

SARA

Fiz o que você me pediu. Olha, nem fiz, pra ser sincera. Quase não reconheci a ambos. Ele virou um rapagão. Ela está com o apartamento todo arrumado e quase sempre ela mesma faz o almoço. Chega? Eu não sei mais nada. Nem toquei no assunto, nem com ele, nem com ela. Não deu.

VERA

Mas os dois já estão morando juntos definitivamente? E o Oto?

SARA

Não sei te dizer. Não toquei no assunto! Sei que Oto não está mais lá – acho que se mandou. Não consegui falar em particular com Ludmila.

VERA

A puta da tua irmã.

SARA

Pelo amor de Deus, Vera!

VERA

Perdão, eu queria dizer liberada. Não é liberada que vocês chamam agora as putas?

SARA

Não é esse o caminho, Vera.

VERA

Tem razão. Eu acho que sou uma péssima aluna, vou custar a aprender. É duro aprender um novo idioma na minha idade. Sobretudo pra mim que sempre falei apenas a língua da dona de casa. Se é que eu já fui dona de alguma coisa.

SARA

Bom, você agora é a dona de sua casa, do seu nariz, de sua vida...

VERA

Do que resta da minha vida. Do bagulho da minha vida. (*Pega o sapato.*) Ontem meu sapato pegou fogo!

SARA

Pegou fogo?

VERA

Incrível né? Pegou fogo. Eu nunca vi sapato pegar fogo. Tudo acontece comigo agora.

SARA

O que você não pode é mergulhar nessa autopiedade.

VERA

Nesta altura da vida, tem outro jeito, Sara? Nem meus filhos querem me ver. Dão desculpas de longe, vão se afastando cada vez mais... Velha chata!

SARA

Mas você tem saído, está reagindo... Você mesma disse que teve uma noite ótima.

VERA

E você acreditou? Você acredita que uma mulher da minha idade, com a minha formação, abandonada no mundo, pode sair por aí dando como uma louca da tua geração e se achar muito feliz, muito realizada? As que dizem isso estão mentindo, Sara, estão todas mentindo. Umas vacas velhas mentindo na beira do túmulo. Dormem com a alma em chagas, acordam com a alma em frangalhos. Quanto mais procuram encher o leito mais o deserto geme em seus lençóis.

Sara

Calma, Vera, calma.

Vera

Você sabe com quem eu dormi ontem?

Sara

(*Procurando brincar*) Com quem? Estou curiosa.

Vera

Com Mauricinho, o filho da Beatriz Monteiro.

Sara

(*Um susto.*) Mas que loucura, Vera, é um menino!

Vera

Tem dezoito anos! Mais moço que meu filho. Se é pra fazer loucura o negócio é fazer loucura completa. Pensei muito em tudo: não há solução pra mim. Ontem resolvi não pensar. Fomos ao Special, num grupo, ele começou a perder o respeito por mim quando dançamos, depois, na mesa, começou a me passar a mão nas coxas.

Resolvi não resistir: segurei no pau dele por baixo da mesa, como uma garotinha. Fomos pra cama.

SARA

Aqui mesmo?

VERA

Aqui mesmo, no meu sacrossanto lar. Tinha que ser pra valer: romper com tudo. Assumir. Não é assim que se diz?

SARA

Você sabe, Vera, eu seria a última a fazer julgamentos morais sobre essas coisas. O importante é que você disse que foi ótimo!

VERA

E você acreditou?

SARA

Você disse!

VERA

E você acreditou?

SARA

Você disse!

VERA

E você acreditou? Santa ignorância! Santa ingenuidade. Essa juventude de vocês, aberta e livre, que sabe tudo e ignora o essencial. Foi uma merda, Sara. Estou com pedaços da alma arrancados!

SARA

Calma, Vera.

VERA

Você quer que eu conte tudo? Eu conto! O pudor já não interessa a mais ninguém. Todas as mães de família estão botando as bundas nas revistas de sacanagem – isto é, se assumindo. Por que eu havia de morrer num convento? O garoto, apesar de bonito, devia estar muito atrasado porque quase me arrancou a roupa aos pedaços. Eu estava excitada como nunca – acho que era o álcool que eu tinha bebido – mas, na hora, tudo passou. Tive terror e nojo de mim mesma. E, quando tudo acabou, e eu pude comparar nós dois, o contraste era chocante. Mesmo na semiescuridão o contraste era chocante. Perto da pele dele a minha tinha pelo menos 200 anos de velhice.

SARA

Que é isso? Você é muito moça!

VERA

Eu sou uma velha, Sara. Até pro meu marido! (*Longa pausa*) E quando acordei, de manhã, o garoto tinha ido embora e levado os quinhentos cruzeiros que eu tinha na carteira.

SARA

Um ladrão.

VERA

Não é esse o nome, no meio dele. Descolou uma nota. Mais tarde me telefonou gentilmente, pedindo desculpas, por ter apanhado o dinheiro. Disse que estava sem dinheiro pro táxi.

SARA

Ah, é mesmo: os táxis aumentaram a tarifa. (*Luz que desce em resistência até blecaute.*)

CENA XVI: FELICIDADE (?)

(*No blecaute Ludmila que acende duas velinhas numa mesa de jantar, Mário, de costas sentado numa poltrona, se levanta, vem até ela, beija-a no rosto, enquanto as velas se acendem. Iluminação, outra vez, rósea.*)

LUDMILA

Está aborrecido?

MÁRIO

Preocupado. Só. (*Senta-se à mesa.*)

LUDMILA

Como é que foi o encontro? (*Senta-se à mesa.*)

MÁRIO

Doloroso. Mais do que os outros. Vera não está bem. Eu não tive coragem de falar tudo com ela. (*Começam a jantar.*)

LUDMILA

Eu compreendo. Tem alguma coisa que eu possa fazer?

MÁRIO

Não. Deixa passar mais algum tempo. Ela está muito amarga. Ao mesmo tempo tem esperança, acha que é uma coisa passageira.

LUDMILA

(*Ao mesmo tempo terna, irônica e má.*) É? (*Mário passa-lhe a mão no rosto, com carinho.*)

MÁRIO

Não posso negar que fiquei impressionado. A casa está irreconhecível. Vera está sufocada e é impossível pra mim falar com calma. Pra ela muito menos. Mal comecei a querer colocar as coisas no lugar ela ironizou. Começou a me chamar de Garotão. "Ô Garotão"! Depois gritou comigo... ameaçou se matar se eu fosse mesmo embora definitivamente. Gritou que havemos de carregar o cadáver dela o resto da vida.

Ludmila

Quase todas as pessoas ameaçam se matar. Poucas se matam.

Mário

Sei disso... teoricamente. Na prática me assusta. Quando ela começa a relembrar a vida em comum, fala dos filhos...

Ludmila

Que já não existem.

Mário

Como?

Ludmila

Os filhos de que ela fala já não existem. Um na Europa, outro em São Paulo. Coisas do passado. Arqueologia existencial. Dois homens hoje, indiferentes aos problemas de vocês. Talvez até aborrecidos de terem que participar deles.

Mário

Sei, mas às vezes o peso do meu amor por você tem do outro lado da balança o meu sentimento de culpa, o meu remorso.

Ludmila

Você quer pensar mais um pouco?

Mário

Não é isso. É que os sentimentos negativos estão aqui, eu tenho que reconhecer.

Ludmila

Existe algum prazer sem um preço?

Mário

Se for eu só a pagar, não me importo. Você vale tudo. Mas Vera merece um cuidado, uma atenção que eu não tenho dado. Não posso deixar de me comover quando ela desenterra um ou outro pedaço de nossa vida e o exibe como o único tesouro que lhe resta... Que é que eu posso dizer? Que a obra de arte que ela está me mostrando é falsa? Que eu não estou mais interessado numa peça acadêmica? (*Come.*) O canelone está delicioso, foi você mesma quem fez?

Ludmila

Foi. Tia Eulália me ensinou. É facílimo de fazer. As mulheres antigamente faziam da cozinha um bicho de sete cabeças. Que bom que você gosta. (*Comem em silêncio.*)

MÁRIO

Você está muito chateada por eu não ter conseguido ainda resolver tudo?

LUDMILA

Eu tenho muito tempo. (*Se levanta, apanha uma garrafa de vinho do outro lado da mesa, serve Mário. Vê-se que ela está grávida. Luz que se apaga em resistência.*)

CENA XVII: EPÍLOGO

SARA

(*Ao telefone*) Ludmila? Como é? É. Estou aqui, na casa de Vera. Não, ela está lá dentro. Ora Ludmila, eu não me meto na vida de ninguém, você bem sabe. O quê? Diz! Pode falar. Ela está lá dentro. Ah, foi? Poxa, ainda bem. É, coitada, ela tinha que concordar. A vida é isso mesmo, que é que a gente vai fazer? Um ganha, outro perde. Você está contente? E Mário? Babando na gravata? Bom – ainda bem que tem alguém feliz. (*Vera entra, vindo do quarto. Está bem mudada, pra melhor. Percebe o telefonema.*) Tá, de noite eu passo aí. (*Desliga*) Vera, vim convidar pra ir conosco a Guarujá.

VERA

Quando?

SARA

Amanhã.

VERA

Não vou não.

SARA

Mas vai ficar sozinha de novo aqui, no fim de semana? Que é que você está esperando que aconteça?

VERA

Nada, não quero sair.

SARA

Você fica o fim de semana conosco, na praia. Na volta visita teu filho, em Ribeirão. Vai o tio Adolfo. Ele é vidrado em você.

VERA

Você acha que alguém ainda pode ser vidrado em mim? Nem um vidraceiro.

Sara

Ai, meu saco! Nesse estado de espírito, acho que não.

Vera

Não, não tem mais estado de espírito. Estou muito bem. Apenas quero ficar sozinha. Estou aprendendo – lentamente, mas estou. Lavei bem a crosta da doméstica e apareceu uma mulher ainda em bom estado. Nesse ano e pouco eu comi o pão que o diabo amassou e todo mundo sabe que o diabo não é bom padeiro. O último serviço que Mário me prestou foi ser meu professor de sofrimento: (*mímica*) queda e redenção. Minha casa está sendo arrumada de novo, estou me arrumando de novo. Eu chego lá. Daqui em diante a única forma de ter uma vida cheia é a determinação de ter uma vida vazia. E aprender tudo de novo sozinha. Você pode me ajudar, minha amiga. Tenho que aprender a abrir a porta sozinha, a chamar táxi na rua, sozinha, a mexer com dinheiro sozinha, a tomar decisões sozinha, e comer sozinha, a ficar velha sozinha... Devia haver um Instituto Pestalozzi pra essas coisas. Tenho que aprender até a falar. A dizer "eu" em vez de "nós". Como os homossexuais se educam pra dizer: "Estou amando uma pessoa". Dizer "uma mulher" seria mentira. Dizer "um rapaz" ainda é chocante. Eles aprendem. Eu também vou aprender, como não? Mas de vez em quando ainda desmunheco e digo "nós vamos". Um hábito muito antigo. Mas você vai ver. Tudo que eu fiz estava errado. Não se diz prum homem que ele é tudo na vida da gente. A gente tem que se exprimir de maneira que ele saiba que ele é que não pode viver sem nós.

Sara

Um jogo? Você acha que é isso?

Vera

Os filhos, a mesma coisa. Tudo em volta a mesma coisa. Acreditemos ou não, a única maneira de nos salvar é fazer com que todos em volta sintam que somos imprescindíveis e eles absolutamente desnecessários. Todos são adversários. É isso. Durante este tempo todo, eu me perguntei mil vezes: "O que é que eu fiz de errado?" E a resposta é tão simples: "Eu fiz tudo errado".

Sara

O fato gera as suas próprias conclusões. Se Mário tivesse permanecido aqui as conclusões seriam outras – você teria feito tudo certo e Ludmila tudo errado.

VERA

Pode ser. Mas há coisas fundamentais que estão erradas em mim e agora é tarde pra consertar. Eu estava certa de que minha superioridade moral valia muito e fui vencida pela emoção mais reles, pelo tesão mais juvenil. E quando aceitei minha derrota e apelei para as lágrimas também usei o sentimento errado. Mário e Ludmila aí já estavam defendidos pela sua própria forma de superioridade moral: Sua cumplicidade. Eu nunca fui cúmplice do meu marido.

SARA

Você está aprendendo a se conhecer.

VERA

Você acha? Quem é que eu sou? Será que na hora de morrer eu posso deixar pelo menos uma frase final: "Aqui jaz Vera Novais, que dirigia muito bem mas só em linha reta." Na primeira curva eu catraprum! No abismo.

SARA

Por que Vera Novais?

VERA

Tenho que voltar ao meu nome de solteira. Não é assim que se faz, hoje?

SARA

É o certo; hoje ou sempre. Você não é uma posse de Mário. Isso quer dizer que você renunciou mesmo, ou é mais um blefe?

VERA

Adivinha. (*Telefone toca. Ela atende.*) 237-4265. É. Não senhor. Não mora mais aqui. (*Desliga.*) Você vê. Aprendi também. Na primeira vez em que eu disse isso foi um soco na cara. (*Pausa*)

SARA

Vem conosco. Vai ser bom.

VERA

Não, eu vou ficar aqui. Aqui mesmo, no campo de batalha. Quero passar o fim de semana sozinha refletindo, amargando, mugindo. Até o fundo: segunda-feira começo tudo de novo. Do começo, com calma, pra não tropeçar. Fica tranquila – não vou fazer mais besteira. Aprendi nesse pouco tempo: aprendi sobretudo o mais essencial – a gente nunca aprende. (*Olha em volta.*) Botei flores na casa.

SARA

Eu notei.

VERA

Eu sei que, agora, é definitivo. E não vou morrer por isso. Ontem peguei de novo um retrato de Mário que tinha em cima da mesinha do quarto e que eu tinha jogado no fundo da gaveta. Botei de novo no lugar de sempre – afinal de contas foi meu homem a vida inteira. E já tive força suficiente pra olhar a cara dele moça – o retrato tem vinte anos – e confessar com toda justiça do meu coração: "Deus do céu, que homem! Ele foi um sol na minha vida: eu nunca mais vou tê-lo nem encontrar outro igual. Mas a vida é assim mesmo e eu não vou morrer por isso. Ainda vou ser feliz, de alguma forma".

SARA

Bonito.

VERA

É o amor visto pelo lado avesso mas dá pro gasto. (*Pausa*) Tenho que cuidar da vida prática, me livrar do dinheiro mensal que ele me dá, só isso – ele não pode continuar a pagar por serviços que não recebe.

Sara

Se você conseguir vai se sentir dez anos mais moça e renovada.

Vera

Minha amarga experiência sexual me mostrou também que eu não sou uma mulher voltada para isso. Não faz meu gênero. É um pouco triste constatar tal coisa mas me dá certeza de que, pelo menos nesse terreno, eu não perdi nada em ser sempre fiel. E, noutro dia, me surpreendi com um sentimento estranho que só acontece em situações extremas da vida, você sabe, o que os sociólogos chamam de situação-limite: Quando todos morrem em redor e a gente sobrevive o que nos vem não é apenas o gosto da vida, é mais que isso – é o extraordinário orgulho, a superioridade de ser sobrevivente. Um pouco de Deus, em nós. Estou aprendendo a ser feliz no meu ceticismo. Estou começando a tirar um profundo prazer da amargura. Acho que estou bem na linha dos heróis de nosso tempo. Eu sou muito, muito moderna, Sara. Os heróis de nosso tempo não se satisfazem com o triunfo. Só se realizam com o fracasso. Remember Che Guevara. (*Campainha toca.*) É Mário. (*Se levanta, com calma.*)

SARA

Ué.

VERA

Ele me telefonou. (*Abre a porta. Mário, bem vestido, mais moço. Beija-a, beija Sara, um pouco constrangido com a presença dela. Cumprimentos – Boa noite, Vera – Oi! Sara – Boa noite. Vera faz um gesto com a mão pra ele sentar. Ele senta.*)

MÁRIO

(*Galante. A Vera.*) Você está bonita!

VERA

Obrigada. Você também.

SARA

Bom, vou indo. (*Se levanta.*)

VERA

Não, pelo amor de Deus, Sara! Fica. Eu e Mário não temos nada importante a conversar. (*Mário não diz nada.*) Ou temos?

MÁRIO

Bom...

VERA

Bom? Nesse caso, Sara, eu lhe peço que não saia mesmo. Coisas importantes precisam de testemunhas. Senta aí. (*Sara obedece, constrangida.*) É o desquite, Mário?

MÁRIO

É. Posso pegar um uísque?

VERA

Ora! (*Mário se levanta, se serve rapidamente, tirando gelo de um porta-gelo em cima de um móvel.*) Conforme eu te disse, Mário, eu pensei muito nisso e acho que está tudo certo: pode mandar o advogado falar comigo. Estou de acordo com tudo.

MÁRIO

Vamos ter alguns problemas materiais.

VERA

Estou disposta a ser generosa.

MÁRIO

Eu também. (*Sara se levanta, pega também um uísque.*)

VERA

Eu tenho mais razões pra ser. Afinal, sou uma

mulher só, posso viver com pouco. Você tem mulher e filho pra sustentar... (*Mário sente o golpe.*)

MÁRIO

Já te disseram?

VERA

Em sociedade tudo se sabe. É por isso que você tem pressa do desquite?

MÁRIO

É.

VERA

Quando é que nasce?

MÁRIO

(*Sempre sem jeito.*) Ah, bom, só em dezembro. (*Bebe o uísque rapidamente.*) Bem, Vera, eu vim disposto a uma longa conversa com você. (*Sorri*) Mas você está tão decidida que eu não tenho mais o que dizer. (*Levanta, põe o copo em cima do móvel.*) Te agradeço muito a... tudo! Boa noite.

SARA

Que pressa!

VERA

Espera um pouco. Tenho que te dar uma coisa. (*Entra no quarto.*)

MÁRIO

(*Sem jeito.*) Ela está tão bem-disposta.

SARA

Está muito bem. (*Vera sai do quarto.*)

VERA

(*Entrega caixinha de joias a Mário.*) Toma, é teu.

MÁRIO

(*Abre a caixinha.*) Tua aliança de casamento. Por quê?

VERA

É tua, Mário.

MÁRIO

Isso torna tudo tão definitivo.

VERA

Não era essa a ideia?

MÁRIO

(*Vê que a aliança está partida em duas.*) Por que você partiu?

VERA

Não saía mais. Tantos anos. Você sabe, a idade. O joalheiro teve que serrar. Como você vê a biologia não é o destino de ninguém. É só chamar o serralheiro. (*Mário fica com os dois pedaços na mão.*)

MÁRIO

Vinte e cinco anos.

VERA

Não deu pra completar. Só em novembro. (*Os dois sem saber como terminar a conversa.*) Tem ainda dois ternos teus aí. Você quer levar agora?

MÁRIO

Se você não se importa. Estou precisando mesmo. Você sabe, nunca tive muita roupa.

VERA

Eu sei. (*Entra. Telefone toca. Vera de dentro.*) Atende, Sara! (*Sara atende exatamente no momento em que ela sai do quarto com um cabide com os dois ternos.*) Estão limpinhos. Mandei lavar. Um velho hábito. (*Mário pega os ternos e fica com eles na mão, pendurados.*)

SARA

237-4255. É. Está. Um momento. É pra você, Mário.

MÁRIO

Pra mim? (*Sem largar os ternos, atende.*)

MÁRIO

(*Sem jeito*) Alô! Ah, (*Pausa*) diz! (*Pausa*) O quê? (*Pausa*) Deus do céu! Não é possível. (*Pausa*) Quando? (*Pausa*) É? (*Pausa*) Onde? (*Pausa*) Como? (*Pausa*) Está bem! Está bem. Eu sei meu bem, eu sei! Vou correndo! (*Desliga. Se joga na poltrona, abatido. Cobre o rosto com as mãos. Vera fica olhando, estática, sem interferir.*)

SARA

(*Se abaixando ligeiramente junto de Mário.*) Que foi? (*Ele não responde. Ela, mais aflita.*) Que foi Mário?

MÁRIO

(*Tira as mãos do rosto. Lentamente.*) Oto se suicidou.

SARA

Meu Deus do céu! Quando?

MÁRIO
Hoje de manhã.

SARA
Onde?

MÁRIO
Lá em casa.

SARA
(*Estranhando*) Como?

MÁRIO
Tinha ficado com uma chave. Quando Ludmila chegou encontrou ele morto, no banheiro. Com gás.

SARA
Ohh! Gás! (*Com raiva*) O último recurso do covarde. Eu sempre achei ele um fraco.

MÁRIO
(*Assustado*) Que é isso, Sara? Enlouqueceu?

SARA
Deu alguma explicação?

MÁRIO
Deixou um bilhete.

SARA

Pra quem?

MÁRIO

Pra ninguém. Pra nós todos. Uma palavra só.

SARA

Que palavra?

MÁRIO

"É!..."

SARA

O quê?

MÁRIO

Uma palavra só, eu disse: "É!..."

SARA

(*Seca*) Pelo menos foi breve. O que é que ele quis dizer com isso?

MÁRIO

Sei lá. A vida, eu acho. Tudo. Nada. Não sei. Quem vai saber?

SARA

Besteira! Melodrama! Pra mim esse cara nunca fez sentido.

Mário

Não fala assim! O rapaz está morto!

Sara

Eu detesto suicidas. Sobretudo suicidas intelectuais. Querem botar a culpa no mundo. Querem se vingar de sua impotência diante da realidade. Morrem espalhando fel. "É!" "É!" "É!" Merda!

Mário

(*Em tom amargo.*) Sara, por favor! Você quer discutir com um morto? Ele pagou com a vida o direito de escrever essa palavra.

Sara

(*Aumentando progressivamente a sua violência.*) Pagou porra nenhuma. Não me interessa a vida dele! Não me interessa a vida de quem se suicida! (*Gritando, amarga, apaixonada.*) Não me interessa nem a tua vida! O que me interessa é a vida de minha irmã, essa maravilha de mulher que eu amo! Ele não podia fazer isso com ela! Ele quis foder a vida dela! (*Longa pausa. Calma e concentrada.*) Como está Ludmila?

Mário

(*Lento*) Destruída.

VERA

(Se levanta da cadeira. A luz no fundo cai em resistência sobre Mário e Sara que continuam se movimentando cada vez mais lentamente, sem som. Vera vem ao proscênio, e diz para o público, com uma voz arrancada do fundo do coração, numa amargura em que há a extrema aceitação do destino humano.) É!...

FIM

APÊNDICE

SOBRE O AUTOR I
(por ele mesmo)

Millôr Fernandes nasceu. Todo o seu aprendizado, desde a mais remota infância. Só aos 13 anos de idade, partindo de onde estava. E também mais tarde, já homem formado. No jornalismo e nas artes gráficas, especialmente. Sempre, porém, recusou-se, ou como se diz por aí. Contudo, no campo teatral, tanto então quanto agora. Sem a menor sombra de dúvida. Em todos seus livros publicados vê-se a mesma tendência. Nunca, porém diante de reprimidos. De 78 a 89, janeiro a fevereiro. De frente ou de perfil, como percebeu assim que terminou seu curso secundário. Quando o conheceu em Lisboa, o ditador Salazar, o que não significa absolutamente nada. Um dia, depois de um longo programa de televisão, foi exatamente o contrário. Amigos e mesmo pessoas remotamente interessadas – sem temor nenhum. Onde e como, mas talvez, talvez – Millôr, porém, nunca. Isso para não falar em termos públicos. Mas, ao ser premiado, disse logo bem alto – e realmente não falou em vão. Entre todos os tradutores brasileiros. Como ninguém ignora. De resto, sempre, até o Dia a Dia. (M.F.)

SOBRE O AUTOR II
(Autobiografia de mim mesmo à maneira de mim próprio)

E lá vou eu de novo, sem freio nem paraquedas. Saiam da frente, ou debaixo que, se não estou radioativo, muito menos estou radiopassivo. Quando me sentei para escrever vinha tão cheio de ideias que só me saíam gêmeas, as palavras – reco-reco, tatibitate, ronronar, coré-coré, tom-tom, rema-rema, tintim por tintim. Fui obrigado a tomar uma pílula anticoncepcional. Agora estou bem, já não dói nada. Quem é que sou eu? Ah, que posso dizer? Como me espanta! Já não se fazem Millôres como antigamente! Nasci pequeno e cresci aos poucos. Primeiro me fizeram os meios e, depois, as pontas. Só muito tarde cheguei aos extremos. Cabeça, tronco e membros, eis tudo. E não me revolto. Fiz três revoluções, todas perdidas. A primeira contra Deus, e ele me venceu com um sórdido milagre. A segunda com o destino, e ele me bateu, deixando-me só com seu pior enredo. A terceira contra mim mesmo, e a mim me consumi, e vim parar aqui. ... Dou um boi pra não entrar numa briga. Dou uma boiada pra sair dela. ...Aos quinze (anos) já era famoso em várias partes do mundo, todas elas no Brasil. Venho, em linha reta, de espanhóis e italianos. Dos espanhóis herdei a natural tentação do bravado, que já me levou a procurar colorir a vida com outras cores: céu feito de conchas de metal roxo e abóbora, mar todo vermelho, e mulheres azuis, verdes, ciclames. Dos italianos que, tradicionalmente, dão para engraxates ou artistas, eu consegui conciliar as duas qualidades, emprestando um brilho novo ao humor nativo. Posso dizer que todo o País já riu de mim, embora poucos tenham rido do que é meu. Sou um crente, pois creio firmemente na descrença. ...Creio que a terra é chata. Procuro em vão não sê-lo. ...Tudo o que não sei sempre ignorei sozinho. Nunca ninguém me ensinou a pensar, a escrever ou a desenhar, coisa que se percebe facilmente, examinando qualquer dos meus trabalhos. A esta altura da vida, além de descendente e vivo, sou, também, antepassado. É bem verdade que, como Adão e Eva, depois de comerem a maçã, não registraram a ideia, daí em diante qualquer imbecil se achou no direito de fazer o mesmo. Só posso dizer, em abono meu, que ao repetir o Senhor, eu me empreguei a fundo. Em suma: um humorista nato. Muita gente, eu sei, preferiria que eu fosse um humorista morto, mas isso virá a seu tempo. Eles não perdem por esperar. Há pouco tempo um jornal publicou que Millôr estava todo cheio de si por ter recebido, em sua casa, uma carta de um leitor que estava assim sobrescritada: "Millôr Ipanema". É a glória! (M.F.)

lepmeditores
www.lpm.com.br
o site que conta tudo

IMPRESSÃO:

PALLOTTI
GRÁFICA

Santa Maria - RS | Fone: (55) 3220.4500
www.graficapallotti.com.br